上海市工程建设规范

沥青路面预防养护技术标准

Technical standard for preventive maintenance of asphalt pavement

DG/TJ 08—2176—2024
J 17682—2024

主编单位：上海市市政规划设计研究院有限公司
　　　　　上海市道路运输事业发展中心
批准部门：上海市住房和城乡建设管理委员会
施行日期：2024 年 12 月 1 日

同济大学出版社

2024　上海

图书在版编目(CIP)数据

沥青路面预防养护技术标准 / 上海市市政规划设计研究院有限公司,上海市道路运输事业发展中心主编. 上海:同济大学出版社,2024.10. -- ISBN 978-7-5765-1333-2

Ⅰ. U418.6-65

中国国家版本馆 CIP 数据核字第 2024S32F13 号

沥青路面预防养护技术标准

上海市市政规划设计研究院有限公司
上海市道路运输事业发展中心   主编

责任编辑	朱　勇	
责任校对	徐春莲	
封面设计	陈益平	
出版发行	同济大学出版社　www.tongjipress.com.cn	
	(地址:上海市四平路 1239 号　邮编:200092　电话:021-65985622)	
经　　销	全国各地新华书店	
印　　刷	浦江求真印务有限公司	
开　　本	889mm×1194mm　1/32	
印　　张	3.875	
字　　数	97 000	
版　　次	2024 年 10 月第 1 版	
印　　次	2024 年 10 月第 1 次印刷	
书　　号	ISBN 978-7-5765-1333-2	
定　　价	40.00 元	

本书若有印装质量问题,请向本社发行部调换　　版权所有　侵权必究

上海市住房和城乡建设管理委员会文件

沪建标定〔2024〕252 号

上海市住房和城乡建设管理委员会 关于批准《沥青路面预防养护技术标准》 为上海市工程建设规范的通知

各有关单位：

由上海市市政规划设计研究院有限公司、上海市道路运输事业发展中心主编的《沥青路面预防养护技术标准》，经我委审核，现批准为上海市工程建设规范，统一编号为 DG/TJ 08—2176—2024，自 2024 年 12 月 1 日起实施，原《沥青路面预防性养护技术规程》DG/TJ 08—2176—2015 同时废止。

本标准由上海市住房和城乡建设管理委员会负责管理，上海市市政规划设计研究院有限公司负责解释。

上海市住房和城乡建设管理委员会
2024 年 5 月 24 日

前 言

根据上海市住房和城乡建设管理委员会《关于印发〈2022年上海市工程建设规范、建筑标准设计编制计划〉的通知》(沪建标定〔2021〕829号)的要求,编制组进行了深入调查研究,认真总结实践经验,参考行业颁发的相关标准,并在征求意见的基础上修订了本标准。

本标准的主要内容包括总则、术语和符号、基本规定、预防养护决策、预防养护技术分类、预防养护工程设计、灌缝和贴缝、雾封层、碎石封层和纤维封层、微表处和稀浆封层、薄层罩面和超薄罩面、封层罩面、预防养护后评估以及4个附录。

本标准修订的主要内容包括:

(1) 新增路况检测及评定相关内容。

(2) 新增预防养护工程设计和预防养护后评估相关内容。

(3) 新增部分适用本市气候与路面状况的预防养护技术内容。

(4) 对预防养护宏观路况标准、养护时机的选择进行了调整。

(5) 将各类常用预防养护技术独立成章进行阐述,并补充完善了相关内容。

(6) 调整、增设了部分试验检测方法。

各单位及相关人员在执行本标准过程中,请注意总结经验,积累资料,如有意见和建议,请反馈至上海市交通委员会(地址:上海市世博村路300号1号楼;邮编:200125;E-mail:shjtbiaozhun@126.com),上海市市政规划设计研究院有限公司(地址:上海市建国西路609号;邮编:200031;E-mail:szghyzhuangkl@chengtou.com),上海市建筑建材业市场管理总站(地址:上海市小木桥路683号;邮编:200032;E-mail:shgcbz@163.com),以供修订时参考。

主编单位：上海市市政规划设计研究院有限公司
　　　　　上海市道路运输事业发展中心
参编单位：上海城投城市发展研究院有限公司
　　　　　同济大学
　　　　　上海箴欣道路工程设计咨询有限公司
　　　　　上海弘徽市政工程有限公司
　　　　　上海城投兴港投资建设(集团)有限公司
　　　　　上海市松江区交通建设管理中心
　　　　　上海市凯达公路工程有限公司
　　　　　上海龙孚道路养护工程有限公司
　　　　　上海龙盼市政建设工程有限公司
主要起草人：杨国强　陈小琪　崔　晨　邱颖峰　张建华
　　　　　　庄恺琳　孙　琼　刘　俊　黄卫东　王海荣
　　　　　　葛忠喜　范晓锋　吴冬梅　李小伟　黄国锋
　　　　　　王　舜　梁亚军　元　松　黄少文　吕　泉
　　　　　　范灵雨　李逢春　许　严　王大栋　刘康康
　　　　　　吴　军　段昕智　胡文佩　苏利民　黄　山
主要审查人：李　俊　汪维恒　袁胜强　杨旭军　马明雷
　　　　　　杨媛媛　盛伯荣

上海市建筑建材业市场管理总站

目 次

1 总 则 ·· 1
2 术语和符号 ··· 2
  2.1 术 语 ·· 2
  2.2 符 号 ·· 4
3 基本规定 ·· 5
  3.1 一般要求 ·· 5
  3.2 路况检测及评定 ·· 6
  3.3 预防养护路况标准 ··· 6
4 预防养护决策 ··· 9
  4.1 一般规定 ·· 9
  4.2 预防养护方案选定 ··· 9
  4.3 预防养护时机 ··· 12
5 预防养护技术分类 ·· 14
  5.1 一般规定 ·· 14
  5.2 具体分类 ·· 14
6 预防养护工程设计 ·· 16
  6.1 一般规定 ·· 16
  6.2 调查与检测评价 ·· 16
  6.3 技术设计 ·· 17
  6.4 材料组成设计 ··· 18
  6.5 工可文件编制 ··· 18
  6.6 施工图设计文件编制 ····································· 19
7 灌缝和贴缝 ·· 20
  7.1 一般规定 ·· 20

7.2	材料	20
7.3	施工准备	22
7.4	施工工艺	23
7.5	施工质量控制	23

8 雾封层 ······ 25
 8.1 一般规定 ······ 25
 8.2 材料 ······ 25
 8.3 施工准备 ······ 27
 8.4 施工工艺 ······ 28
 8.5 施工质量控制 ······ 28

9 碎石封层和纤维封层 ······ 30
 9.1 一般规定 ······ 30
 9.2 材料 ······ 30
 9.3 材料洒(撒)布率 ······ 32
 9.4 施工准备 ······ 33
 9.5 施工工艺 ······ 34
 9.6 施工质量控制 ······ 35

10 微表处和稀浆封层 ······ 37
 10.1 一般规定 ······ 37
 10.2 材料 ······ 37
 10.3 混合料设计 ······ 40
 10.4 施工准备 ······ 43
 10.5 施工工艺 ······ 45
 10.6 施工质量控制 ······ 46

11 薄层罩面和超薄罩面 ······ 48
 11.1 一般规定 ······ 48
 11.2 材料 ······ 49
 11.3 混合料设计 ······ 52
 11.4 施工准备 ······ 54

	11.5 施工工艺	55
	11.6 施工质量控制	56
12	封层罩面	60
	12.1 一般规定	60
	12.2 材　料	60
	12.3 材料洒(撒)布率及混合料设计	60
	12.4 施工准备	60
	12.5 施工工艺	61
	12.6 施工质量控制	61
13	预防养护后评估	62
附录A	最佳预防养护时机确定方法	64
附录B	室内模拟紫外光老化试验	72
附录C	线性振幅扫描LAS试验	74
附录D	黏层油黏结强度检测方法	80
本标准用词说明		82
引用标准名录		83
标准上一版编制单位及人员信息		84
条文说明		85

Contents

1 General provisions ································· 1
2 Terms and symbols ································· 2
   2.1 Terms ·· 2
   2.2 Symbols ·· 4
3 General regulations ································ 5
   3.1 General requirements ························· 5
   3.2 Inspection and evaluation of road conditions ········ 6
   3.3 Standard of road conditions for preventive maintenance ································· 6
4 Preventive maintenance measures ················ 9
   4.1 General regulations ···························· 9
   4.2 Selection procedure of preventive maintenance measures ······································· 9
   4.3 Timing of preventive maintenance ············ 12
5 Classification of preventive maintenance ········ 14
   5.1 General regulations ··························· 14
   5.2 Specific classification ························· 14
6 Preventive maintenance engineering design ········ 16
   6.1 General regulations ··························· 16
   6.2 Investigation, testing and evaluation ·········· 16
   6.3 Technical design ······························ 17
   6.4 Material composition design ··················· 18
   6.5 Preparation of engineering feasibility documents ······································ 18

  6.6 Preparation of construction drawings and design documents ·················· 19
7 Crack filling and crack banding ················· 20
  7.1 General regulations ················· 20
  7.2 Material ················· 20
  7.3 Preparation for construction ················· 22
  7.4 Construction technology ················· 23
  7.5 Construction quality control ················· 23
8 Fog seal ················· 25
  8.1 General regulations ················· 25
  8.2 Material ················· 25
  8.3 Preparation for construction ················· 27
  8.4 Construction technology ················· 28
  8.5 Construction quality control ················· 28
9 Stone seal and fiber stone seal ················· 30
  9.1 General regulations ················· 30
  9.2 Material ················· 30
  9.3 Material sprinkle (spread) cloth rate ················· 32
  9.4 Preparation for construction ················· 33
  9.5 Construction technology ················· 34
  9.6 Construction quality control ················· 35
10 Micro-surfacing and slurry seal ················· 37
  10.1 General regulations ················· 37
  10.2 Material ················· 37
  10.3 Mixture design ················· 40
  10.4 Preparation for construction ················· 43
  10.5 Construction technology ················· 45
  10.6 Construction quality control ················· 46

11	Thin overlays and ultra-thin overlays	48
11.1	General regulations	48
11.2	Material	49
11.3	Mixture design	52
11.4	Preparation for construction	54
11.5	Construction technology	55
11.6	Construction quality control	56
12	Seal and overlays	60
12.1	General regulations	60
12.2	Material	60
12.3	Material sprinkle (spread) cloth rate and mixture design	60
12.4	Preparation for construction	60
12.5	Construction technology	61
12.6	Construction quality control	61
13	Post-preventive maintenance assessment	62
Appendix A	Determination of optimal preventive maintenance time	64
Appendix B	Indoor simulated UV aging test	72
Appendix C	Linear amplitude scanning LAS test	74
Appendix D	Testing method for bond strength of viscous reservoir oil	80
Explanation of wording in this standard		82
List of quoted standards		83
Standard-setting units and personnel of the previous version		84
Explanation of this standard		85

1 总　则

1.0.1 为适应本市公路和城市道路养护发展需要，规范和统一本市公路和城市道路沥青路面预防养护工作，提高预防养护水平，延缓路面使用性能衰减，预防病害出现及轻微病害的扩展，提升路面的全生命周期养护效益，特制定本标准。

1.0.2 本标准适用于本市各等级公路和城市道路的沥青路面预防养护。

1.0.3 沥青路面的预防养护应积极稳妥地采用新技术、新材料、新工艺和新设备，尚无国家或行业标准依据的，规模化应用前应进行试验研究、工程检验和充分论证。

1.0.4 沥青路面的预防养护除应按本标准的规定执行外，尚应遵守国家、行业和本市现行相关标准的规定。

2 术语和符号

2.1 术语

2.1.1 沥青路面预防养护 pavement preventive maintenance (PPM)

沥青路面整体性能良好但存在病害隐患或有轻微病害，为延缓路面性能过快衰减、延长使用寿命而预先采取的主动性养护工程。

2.1.2 预防养护宏观路况标准 macroscopic pavement condition criterion for PPM

预防养护对反映沥青路面整体性能的路面状况指标的要求。

2.1.3 预防养护微观路况标准 microscopic pavement condition criterion for PPM

预防养护对反映沥青路面主导损坏类型和严重程度的要求。

2.1.4 主导损坏类型 dominant type of pavement damage

路况调查统计中数量相对较大、主要影响路面整体使用功能或对路面结构承载能力形成潜在隐患的代表性损坏类型。

2.1.5 非主导损坏类型 non-dominant type of pavement damage

路况调查统计中除已确定的路面主导损坏类型以外的其他损坏类型。

2.1.6 最佳预防养护时机 optimal time of PPM

在路面新建到修复工程或两次修复工程之间的时间段内，可获得最大效益费用比的预防养护实施时间点。

2.1.7 灌缝或封缝 crack filling or crack sealing

采用专用的密封胶填充或密封沥青路面裂缝的作业，包括不开槽灌缝和开槽灌缝两种工艺。

2.1.8 贴缝 crack banding

采用专用的贴缝胶对裂缝进行粘贴密封的作业,包括自粘式和热粘式两种工艺。

2.1.9 雾封层 fog seal

采用专用高压喷洒设备将雾封材料喷洒在沥青路面上形成的封层,根据是否添加适量碳化硅、石英砂、玄武岩等细集料,雾封层可分为含砂雾封层和不含砂雾封层。

2.1.10 稀浆封层 slurry seal

采用专用设备将乳化沥青、粗细集料、填料、水和添加剂等,按设计配合比拌和成稀浆混合料摊铺到沥青路面上形成的封层。

2.1.11 微表处 micro-surfacing

采用专用设备将改性乳化沥青、粗细集料、填料、水和添加剂等,按设计配合比拌和成稀浆混合料摊铺到沥青路面上并形成很快开放交通的具有高抗滑和耐久性能的封层。

2.1.12 碎石封层 stone seal

采用专用设备将沥青胶结料、碎石同步或异步洒(撒)布在沥青路面上形成的封层。

2.1.13 纤维封层 fiber stone seal

采用专用设备在沥青路面上同步洒(撒)布一层改性乳化沥青、纤维和一层改性乳化沥青,之后撒布碎石形成的封层。

2.1.14 复合封层 composite seal

由碎石封层或纤维封层+微表处,或由碎石封层+稀浆封层组合而成的封层。

2.1.15 超薄罩面 ultra-thin overlays

厚度小于 25 mm 的沥青混合料罩面。

2.1.16 薄层罩面 thin overlays

厚度不小于 25 mm 且小于 40 mm 的沥青混合料罩面。

2.1.17 封层罩面 seal and overlays

在碎石封层上铺设薄层罩面或超薄罩面组合形成的罩面。

2.2 符　号

AADT——年平均日交通量；
PCI——路面损坏状况指数；
RQI——路面行驶质量指数；
RDI——路面车辙深度指数；
SRI——路面抗滑性能指数；
SFC——横向力系数；
PSSI——路面结构强度指数；
SSR——路面结构强度系数；
PQI——路面技术状况指数；
PBI——预防养护效益指数；
UTO——空隙型超薄罩面；
UTOD——密实型超薄罩面；
BCR——预防养护效益费用比。

3 基本规定

3.1 一般要求

3.1.1 道路管养部门及机构应对沥青路面采用合适的手段定期采集路况数据，评价道路使用状况并预测其发展趋势，对结构强度足够、表面状况尚好的沥青路面应在恰当的时间制定相应的预防养护方案。

3.1.2 沥青路面预防养护应包括道路基本信息收集、路况调查与评价、决策、设计、施工、工程质量控制、后评估等工作内容。

3.1.3 沥青路面预防养护应以机械化施工为主，采取措施减少施工作业对交通的影响，做到安全生产、文明施工、节约资源、保护环境。

3.1.4 在实施预防养护之前应对沥青路面损坏状况、平整度、结构强度、抗滑能力和交通量进行检测和评价。

3.1.5 沥青路面预防养护标准分宏观路况标准和微观路况标准。调查路段应在满足宏观路况标准的前提下，再根据病害分类分级进行微观路况标准检验，并确定适合预养护的路面主导损坏类型。

3.1.6 公路预防养护工程质量检验评定应按现行行业标准《公路养护工程质量检验评定标准》JTG 5220、现行上海市工程建设规范《公路养护工程质量检验评定标准》DG/TG 08—2144 的规定执行；城市道路预防养护工程质量检验评定应按现行行业标准《城镇道路养护技术规范》CJJ 36 的规定执行。

3.2 路况检测及评定

3.2.1 路况检测宜保持检测工作的一致性和连续性,并实行跟踪服务。路况检测宜采用快速、精准的无损检测与人工调查相结合的方法。

3.2.2 高速公路、一级公路、二级公路应检测路面破损率 DR、国际平整度指数 IRI、车辙深度 RD 和横向力系数 SFC 四项指标;三级公路、四级公路应检测路面破损率 DR、国际平整度指数 IRI 和车辙深度 RD 三项指标。城市道路应检测路面破损率 DR、国际平整度指数 IRI 和横向力系数 SFC 三项指标。

3.2.3 公路路况检测频率及评定应按现行行业标准《公路技术状况评定标准》JTG 5210 的规定执行,城市道路路况检测频率及评定应按现行行业标准《城镇道路养护技术规范》CJJ 36 的规定执行。

3.2.4 公路路况评定指标采用 PCI、RQI、RDI、SRI,城市道路路况评定指标采用 PCI、RQI、SFC。其中,公路路面损坏分类、技术状况及分项指标的等级划分标准应按现行行业标准《公路技术状况评定标准》JTG 5210 执行;城市道路路面损坏分类、技术状况及分项指标的等级划分标准应按现行行业标准《城镇道路养护技术规范》CJJ 36 执行。

3.3 预防养护路况标准

3.3.1 宏观路况指标采用 PCI、RQI、RDI 和 SRI(或 SFC)。其中,PCI 为主要判断指标,其余三项为辅助判断指标。即在 RQI、RDI、SRI(或 SFC)满足要求前提下,以 PCI 为标准判断沥青路面是否需要进行预防养护。公路沥青路面预防养护宏观路况判定标准应符合表 3.3.1-1 的规定,城市道路沥青路面预防养护宏观路况判定标准应符合表 3.3.1-2 的规定。

表 3.3.1-1 公路沥青路面预防养护宏观路况判定标准

路况指标	道路等级及类型				
	高速公路	一级公路	二级公路	三级公路	四级公路
PCI	≥85	≥85(80)	≥85(80)	≥85(80)	≥70
RQI	≥85	≥85(80)	≥85(80)	≥85(80)	≥70
RDI	≥85	≥80	≥75	≥70	—
SRI	≥85	≥80	≥75	—	—

注：一级、二级、三级公路路面损坏状况指数、路面行驶质量指数的预防养护宏观路况判定标准区分干线公路和非干线公路，括号内数值适用于非干线公路。

表 3.3.1-2 城市道路沥青路面预防养护宏观路况判定标准

路况指标	道路等级及类型			
	快速路	主干路	次干路	支路
PCI	≥85	≥80	≥75	≥70
RQI	≥3.97	≥3.80	≥3.28	≥3.13
RDI	≥85	≥80	≥75	≥70
SFC	≥40	≥35	≥35	—

3.3.2 预防养护路况微观判定标准为轻度的龟裂、块状裂缝、纵向裂缝、横向裂缝、松散、车辙、泛油和磨光等。具体分级指标与标准、计量方法应符合表 3.3.2 的规定。

表 3.3.2 沥青路面预防养护微观路况判定标准

损坏类型		分级	定义	分级指标与标准	计量方法
裂缝类	龟裂	轻	初期裂缝，裂区无变化、无散落，缝细	主要块度 0.2 m～0.5 m 之间，平均裂缝宽度≤2 mm	按面积计量；相邻龟裂的间距小于龟裂损坏区域的同向尺寸时，应按连续面积计量
	块状裂缝	轻	缝细，裂缝区无散落	主要块度＞1 m，平均裂缝宽度 1 m～2 mm	按面积计量；相邻块裂的间距小于块裂损坏区域的同向尺寸时，应按连续面积计量

续表3.3.2

损坏类型		分级	定义	分级指标与标准	计量方法
裂缝类	纵向裂缝	轻	缝细,裂缝壁无散落或有轻微散落,无支缝或有少量支缝	主要裂缝宽度≤3 mm	按长度计量
裂缝类	横向裂缝	轻	缝细,裂缝壁无散落或有轻微散落	主要裂缝宽度≤3 mm	按长度计量
松散类	松散	轻	路面表面细集料散失、脱皮、麻面等表面损坏	—	按面积计量;相邻松散的间距小于松散损坏区域的同向尺寸时,应按连续面积计量
变形类	车辙	轻	轮迹处纵向带状辙槽,辙槽浅	深度≤15 mm	按深度计量
其他类	泛油	—	沥青路面表面出现薄油层	—	按面积计量;相邻泛油的间距小于泛油损坏区域的同向尺寸时,应按连续面积计量
其他类	磨光	—	路表原有构造深度衰退或丧失,路表光滑	—	按面积计量;相邻磨光的间距小于磨光损坏区域的同向尺寸时,应按连续面积计量

3.3.3 预防养护工程实施前,应对所有病害进行有效预处理,以满足预防养护微观路况标准。

4 预防养护决策

4.1 一般规定

4.1.1 应根据道路等级、交通量与交通状况、路况检测与检查情况、养护资金、养护目标等情况,制定相应的预防养护决策。

4.1.2 预防养护技术选择应遵循下列原则:

    1 应根据养护目的和病害特征等,选择有针对性的技术。

    2 应优先选用经本地工程实践验证、应用经验丰富且实施效果好的技术。

    3 对于公路城镇化地区、净高受限路段、隧道等特殊路段,应就技术的适用性进行确认。

    4 多种预防养护技术同时适用且缺少经验难以判断优劣时,应进行技术经济性比选,选择具有良好费用效益比的技术。

4.1.3 路基路面排水系统不完善的路段,预防养护宜与完善路基路面排水系统同步实施。

4.1.4 预防养护项目实施时应避开多雨、低温等不利季节。

4.2 预防养护方案选定

4.2.1 沥青路面最佳预防养护方案的选定流程如图4.2.1所示。

4.2.2 预防养护技术适用的道路等级和交通荷载等级应符合表4.2.2的规定。

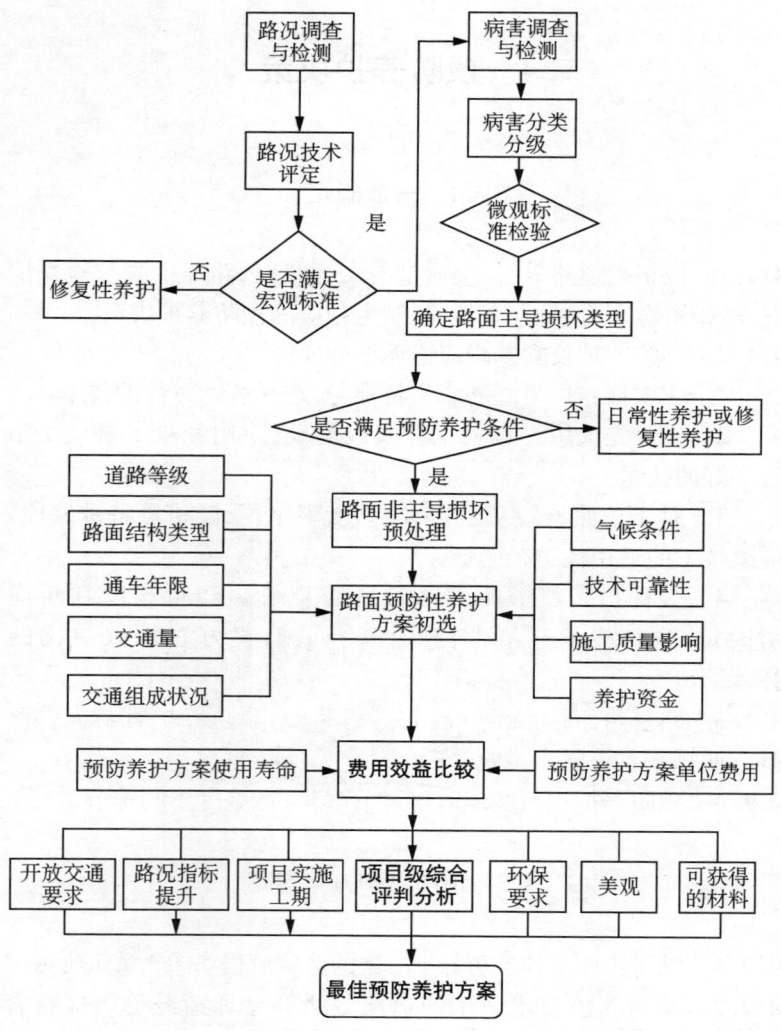

图 4.2.1　预防养护方案选定流程

表 4.2.2 常用沥青路面预防养护技术的适用条件

适用场合		预防养护技术									
		雾封层	碎石封层	纤维封层	稀浆封层	微表处	复合封层	薄层罩面	超薄罩面	封层罩面	就地热再生
道路等级	高速公路	√	×	×	×	√	√	√	√	√	√
	一级公路	√	×	×	×	√	√	√	√	√	√
	二级公路	√	×	×	×	√	√	√	√	√	√
	三级、四级公路	√	√	√	△	√	√	√	√	√	×
	快速路	√	×	×	×	√	√	√	√	√	×
	主干路	√	×	×	×	√	√	√	√	√	×
	次干路	√	×	×	×	√	√	√	√	√	×
	支路	√	×	×	×	√	√	√	√	√	×
交通荷载等级	极重	√	△	△	△	△	△	△	△	△	△
	特重	√	△	△	×	√	√	△	△	△	△
	重	√	△	△	△	√	√	√	√	√	√
	中	√	√	√	√	√	√	√	√	√	√
	轻	√	√	√	√	√	√	√	√	√	√

注：√—适用；△—可用；×—不适用。复合封层采用碎石封层或纤维封层加铺微表处时，各等级道路均可采用；采用碎石封层加铺稀浆封层时，仅适用于三级、四级公路，中等或轻等级交通情况。

4.2.3 根据路面功能状况，预防养护技术宜按表4.2.3进行选择。

表 4.2.3 预防养护技术适用的路面功能状况

路面功能状况	预防养护技术									
	雾封层	碎石封层	纤维封层	稀浆封层	微表处	复合封层	薄层罩面	超薄罩面	封层罩面	就地热再生
抗滑损失	×	√	√	√	√	√	√	√	√	√
路面渗水	√	√	√	√	√	√	√	√	√	△
路面磨耗	×	√	√	√	√	√	√	√	√	√

续表4.2.3

路面功能状况	预防养护技术									
	雾封层	碎石封层	纤维封层	稀浆封层	微表处	复合封层	薄层加罩	超薄罩面	封层罩面	就地热再生
沥青老化	√	√	√	√	√	√	△	△	△	√
路面不平整	×	×	×	×	×	×	△	△	△	△
表观不佳	×	√	√	√	√	√	√	√	√	√

注：√—适用；△—可用；×—不适用。

4.2.4 当同一路段存在一种或多种路面主导损坏类型时，应综合考虑养护路段所处的地理位置、技术等级、交通量特征、路面功能要求以及各个养护技术的性价比等因素，选择最佳养护技术方案。

4.2.5 当采用效益费用分析法对多个预防养护技术进行比选时，可按行业标准《公路沥青路面预防养护技术规范》JTG/T 5142—01—2021 附录 A 的规定执行。

4.3 预防养护时机

4.3.1 沥青路面预防养护时机分为养护需求时机和养护最佳时机。

4.3.2 沥青路面预防养护需求时机的确立可采用路况触发法和时间触发法。

4.3.3 采用路况触发法确定预防养护时机时，其评价单元的划分及评价方法的选择，公路应按现行行业标准《公路技术状况评定标准》JTG 5210 的规定执行，城镇道路应按现行行业标准《城镇道路养护技术规范》CJJ 36 的规定执行。

4.3.4 采用时间触发法确定预防养护需求时机时，其路面自新建、改扩建或上次大中修类修复养护后的运营时间宜符合表 4.3.4 的规定。

表 4.3.4　预防养护的实施时间与适用技术

预防养护技术	雾封层	碎石封层	纤维封层	稀浆封层	微表处	复合封层	薄层罩面	超薄罩面	封层罩面	就地热再生
实施时间(年)	2～5	3～5	3～5	3～5	3～5	3～6	4～6	4～6	4～6	4～6

注：交通荷载等级高时，宜靠下限取值；交通荷载等级低时，宜靠上限取值。雾封层采用还原剂类或固化剂类封层时，宜按上限取值；采用乳化沥青类封层时，宜按下限取值。

4.3.5 相关调查及检测评定数据充足时，宜按图 4.3.5 所示流程确定最佳预防养护时机，具体确定方法宜按本标准附录 A 确定。

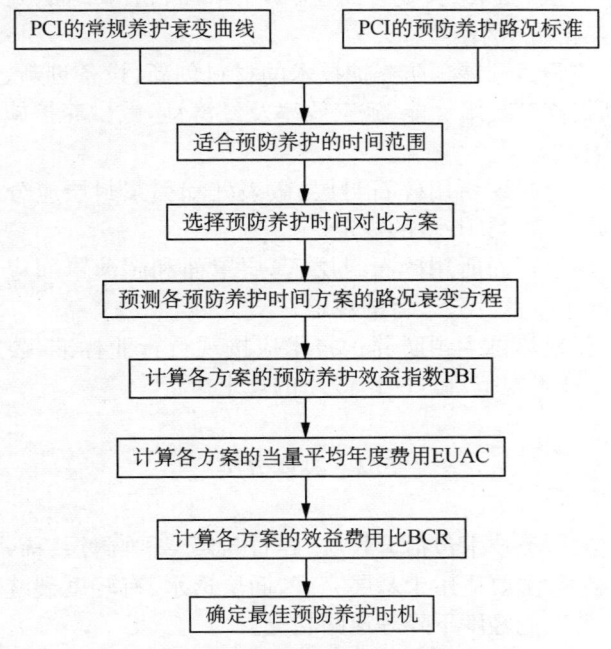

图 4.3.5　最佳预防养护时机确定流程

4.3.6 相关调查及检测评定数据不充足时，可结合路面技术状况、病害程度及养护资金安排等因素综合确定最佳预防养护时机。

5 预防养护技术分类

5.1 一般规定

5.1.1 预防养护技术按工艺特点可分为封层类、表处类、罩面类及就地热再生类四大类,具体又可分为雾封层、碎石封层、纤维封层、稀浆封层、微表处、复合封层、薄层罩面、超薄罩面、封层罩面和就地热再生十小类。

5.1.2 应积极开展预防养护技术的材料创新、设备创新、工艺创新,不断提高其技术性能、施工效率及经济性,减少养护施工对交通的影响。

5.1.3 复合封层所用碎石封层、微表处和稀浆封层应分别符合本标准第9章、第10章的规定。

5.1.4 封层罩面所用碎石封层、薄层罩面和超薄罩面应分别符合本标准第9章、第11章的规定。

5.1.5 就地热再生预防养护技术应按现行行业标准《公路沥青路面再生技术规范》JTG/T 5521的规定执行。

5.2 具体分类

5.2.1 封层类技术包括雾封层、碎石封层、纤维封层、稀浆封层、复合封层等,主要适用于基层完好,面层透水、有轻度裂缝、车辙、泛油、抗滑性能轻度下降等道路状况。

5.2.2 表处类技术主要适用于基层完好,面层有轻度裂缝、车辙、麻面、松散、抗滑性能轻度下降等道路状况。

5.2.3 罩面类技术包括薄层罩面、超薄罩面、封层罩面等,主要适用于基层完好,面层有裂缝、轻度车辙、松散、抗滑性能下降等道路状况。

5.2.4 就地热再生类技术主要适用于基层完好,面层有裂缝、车辙、松散、拥包及抗滑性能下降等道路状况。

6 预防养护工程设计

6.1 一般规定

6.1.1 沥青路面预防养护工程设计应包括调查与检测评价、技术设计、材料组成设计、交通组织设计等内容。

6.1.2 预防养护工程设计应根据道路类型按现行行业标准《公路沥青路面养护设计规范》JTG 5421 或《城镇道路养护技术规范》CJJ 36 的规定执行。

6.1.3 应根据需要对路面技术状况进行详细的调查和检测，对路面病害成因进行准确判断和分析。

6.1.4 预防养护工程宜采用二阶段施工图设计，并应实行动态设计。当路面技术状况、材料情况等与设计阶段相比发生重大变化时，应及时变更设计。

6.2 调查与检测评价

6.2.1 路面调查应包括基础资料调查、养护历史调查、路面技术状况检测、专项数据检测及施工图设计相关资料调查等内容。

6.2.2 预防养护工程设计时，应采用检测时间不超过 6 个月的路面技术状况检测数据；超出时，公路与城镇道路应分别按现行行业标准《公路技术状况评定标准》JTG 5210 和《城镇道路养护技术规范》CJJ 36 的规定重新检测。

6.2.3 对路面技术状况进行评价时，公路宜以 1 000 m 为评价单元；城镇道路宜以交叉路口为评价单元，但每个评价单元不宜超过 1 000 m。高速公路、一级公路、城市快速路应分车道进行调查和评价。

6.2.4 应根据调查评价情况划分路面预防养护设计单元。设计单元应由性质相似的评价单元合并而成,并应考虑养护施工最小长度、交通组织等要求。

6.2.5 调查与评价的其他要求,公路与城镇道路应分别按现行行业标准《公路技术状况评定标准》JTG 5210 和《城镇道路养护技术规范》CJJ 36 的规定执行。

6.3 技术设计

6.3.1 应根据本标准第 6.2 节的调查和检测数据,进行预防养护设计的病害分析,为技术设计提供依据。

6.3.2 技术设计应以设计单元为单位,可按本标准图 4.2.1 所示的流程进行。

6.3.3 技术设计应考虑下列主要因素:

   1 路面技术状况。

   2 路面病害类型、严重程度及成因。

   3 道路技术等级、交通量及交通荷载等级、交通影响和交通组织。

   4 养护标准和养护目标。

   5 各种预防养护技术的特点。

   6 当地工程经验、符合标准要求的原材料及技术的可行性。

   7 养护资金情况。

   8 其他因素。

6.3.4 应统筹考虑技术、环境、经济、交通等因素,进行方案综合比选,并应符合下列规定:

   1 技术因素应主要考虑技术有效性、技术成熟度、施工难易度、施工资源可获得性等。

   2 环境因素应主要考虑资源节约、能源节约、噪声污染、空气污染、水污染等。

3 经济因素应主要考虑工程造价、使用寿命等。

4 交通因素应主要考虑施工效率与工期、封闭交通时间、交通组织方式等。

6.4 材料组成设计

6.4.1 应根据工程特点、材料供应情况、养护方案等，在相关规范基础上提出养护工程的材料质量要求。

6.4.2 应根据材料性能检测结果，结合当地工程应用经验，合理选择材料。

6.4.3 应采用工程实际选用的材料，按现行行业标准《公路沥青路面设计规范》JTG D50 等相关规范的要求进行材料配合比和混合料设计。

6.4.4 应按现行行业标准《公路沥青路面施工技术规范》JTG F40、《公路沥青路面再生技术规范》JTG/T 5521 等有关规定，明确材料或混合料的施工工艺要求。

6.5 工可文件编制

6.5.1 工可文件应依据相关的技术规范、政策文件或任务委托书编制，编制深度应满足工程项目立项、确定工程方案、控制工程投资、主要材料的要求。

6.5.2 预防养护工程工可文件宜包括下列内容：

1 工程必要性的论证。

2 在技术状况调查、评价分析的基础上，明确工程范围、工程目标、主要技术标准和设计指标。

3 拟定设计比选方案及推荐方案，确定工程的设计使用年限。

4 对特殊工艺、主要材料及特殊材料的技术指标、施工期交通组织、质量验收标准提出明确要求。
5 提出下阶段需解决的问题、注意事项及有关建议。
6 编制主要设计图纸、主要工程数量表和投资概算。

6.6 施工图设计文件编制

6.6.1 应根据工可相关评审、批复、工可文件成果,编制预防养护工程施工图设计文件。

6.6.2 根据工程情况和具体措施,预防养护施工图设计文件宜包括下列内容:
1 总体设计说明。
2 养护目标与设计年限。
3 原路面局部病害处治方案。
4 预防养护技术方案。
5 预防养护施工工艺。
6 材料组成和主要控制指标。
7 其他设施维修改造方案。
8 验收标准和主要控制指标。
9 工程数量。
10 施工图预算。

7 灌缝和贴缝

7.1 一般规定

7.1.1 宜对原路面裂缝进行灌缝或贴缝处理。灌缝用密封胶、贴缝用贴缝胶的性能应满足设计和相关规范要求。

7.1.2 灌缝和贴缝前应将施工部位清理干净,保证裂缝及周边干燥、清洁,避免黏结失效。开槽施工时,槽壁不应有松散、啃边。

7.1.3 路面横向裂缝宜采用开槽灌缝,路面纵向裂缝宜采用贴缝。

7.1.4 灌缝或贴缝的施工气温宜不低于5℃,不得在雨天施工,应避免在潮湿、霜冷等气候条件下作业。

7.1.5 采用封层类、罩面类、就地热再生类等预防养护技术前对路面进行预处理时,不宜采用贴缝工艺。

7.2 材 料

7.2.1 开槽灌缝应采用加热型密封胶,不开槽灌缝可使用加热型密封胶或常温型有机硅密封胶;贴缝宜采用热粘式贴缝胶,可使用自粘式贴缝胶。

7.2.2 加热型密封胶可分为高温型、普通型、低温型、寒冷型和严寒型五类,适用于本市的为前三类,其性能应符合表7.2.2的规定。

表 7.2.2 加热型密封胶技术要求

项目	高温型	普通型	低温型
锥入度(0.1 mm)	≤70	50～90	70～110
软化点(℃)	≥90	≥80	≥80
流动值(mm)	≤3	≤5	≤5
弹性恢复率(%)	30～70	30～70	30～70
低温拉伸	0℃,25%,3次循环,通过	—10℃,50%,3次循环,通过	—20℃,100%,3次循环,通过

注:检验方法见现行行业标准《路面加热型密封胶》JT/T 740,其中低温拉伸25%、50%、100%对应的拉伸量分别为 3.75 mm、7.5 mm 和 15 mm。

7.2.3 常温型有机硅密封胶性能应满足表 7.2.3 的要求。

表 7.2.3 常温型有机硅密封胶技术要求

项目		高温型	普通型	低温型
表干时间(h)		≤3		
固化时间(d)		≤21		
流平性		自流平		
低温拉伸	最大拉伸率(%)	0℃,≥100	—10℃,≥200	—20℃,≥300
	拉伸强度(MPa)	≤0.4		
	浸水老化后最大拉伸量保持率(%)	≥85		
	定伸黏结性	50%,放置1d,通过	100%,放置1d,通过	150%,放置1d,通过

注:检验方法参照现行行业标准《沥青路面有机硅密封胶》JT/T 970 的规定执行。

7.2.4 贴缝胶宽度、厚度、聚合物改性沥青物理性能指标、路用性能指标应满足表 7.2.4-1～表 7.2.4-4 的要求。

表 7.2.4-1 贴缝胶宽度要求

项目	技术要求			
规格(公称宽度)(cm)	3	4	6	定制
平均值偏差(cm)	±0.2	±0.2	±0.2	±0.2
最小单值(cm)	2.7	3.7	5.7	定制公称宽度—0.3

表 7.2.4-2 贴缝胶厚度要求

项目	技术要求		
规格(公称厚度)(mm)	2	3	4
平均值(mm)	≥2.0	≥3.0	4.0~4.5
最小单值(mm)	≥1.7	≥2.7	≥3.7

表 7.2.4-3 贴缝胶用聚合物改性沥青物理性能指标要求

项目	技术要求
锥入度(0.1 mm)	≥30
软化点(℃)	≥75

表 7.2.4-4 贴缝胶路用性能指标要求

项目	技术要求
转弯翘曲率(%)	≤50
碾压后的厚度(mm)	≤2.7
黏结强度(MPa)	≥0.2
-10℃低温柔性	Φ30 mm,无裂纹
-20℃低温柔性	Φ30 mm,无裂纹
低温拉伸量(mm)	≥5

注:检验方法参照现行行业标准《路面裂缝贴缝胶》JT/T 969 的规定执行,其中普通型、低温型贴缝胶低温拉伸量试验的试验温度分别为-10℃和-20℃。

7.3 施工准备

7.3.1 施工装备应满足下列要求:

1 灌缝应配备具有路面开槽(开槽灌缝时)、清理、加热(使用加热型密封胶时)、熨平等功能的施工机具。

2 采用热粘式贴缝胶贴缝时,应配备加热工具。

7.3.2 施工前应备齐所用材料,加热型密封胶应加热或保温至规定的施工温度。

7.3.3 施工前应做好交通组织、施工安全、施工人员安排等准备工作。

7.4 施工工艺

7.4.1 灌缝施工应满足下列要求：

    1 开槽灌缝时，应沿裂缝开槽，开槽深度和开槽宽度宜满足设计要求。

    2 裂缝中的灰尘和杂物应清理干净。

    3 密封胶采用加热型时，应对裂缝及其周边路面进行加热；采用常温型时，可只做路面干燥要求。

    4 应将密封胶灌入到裂缝或所开槽内。

    5 熨平溢出的材料，应进行必要的防粘轮处理。

7.4.2 贴缝施工应满足下列要求：

    1 裂缝中的灰尘和杂物应清理干净。

    2 贴缝胶采用热粘式时，贴缝前应对裂缝及其周边路面进行加热；采用自粘式时，贴缝前可只做路面干燥要求。

    3 贴缝胶采用热粘式时，应在对路面和贴缝胶交接部位加热的同时将贴缝胶沿着裂缝粘贴到路面上并按压紧密。采用自粘式时，应将贴缝胶沿着裂缝粘贴到路面上并按压紧密。

    4 可在贴缝胶上进行撒砂等防粘轮处理。

7.4.3 灌缝、贴缝后应进行必要的养生，防止出现因过早开放交通导致的养护失效。

7.5 施工质量控制

7.5.1 灌缝、贴缝施工过程材料质量控制要求应符合表7.5.1的规定。

表 7.5.1 灌缝、贴缝施工过程材料质量控制要求

材料	检查项目	检验频率	质量要求
加热型密封胶	表7.2.2要求的检测项目	每批来料1次	符合设计要求，或符合本标准要求
常温型密封胶	表7.2.3要求的检测项目		
贴缝胶	表7.2.4-1～表7.2.4-3要求的检测项目		

7.5.2 灌缝施工过程质量控制要求应符合表7.5.2的规定。

表 7.5.2 灌缝施工过程质量控制要求

检查项目		检验频率	质量要求或允许偏差	检验方法
外观		随时	缝槽灌缝充分饱满、黏结紧密，密封胶边缘齐顺、表面平整，无颗粒状胶粒；贴缝胶边缘整齐、表面平整	目测
开槽尺寸	深度(mm)	每5条缝抽量1处（施工时检测），每处裂缝测3点取平均值	±1或符合设计要求	游标卡尺或钢尺量
	宽度(mm)		±1或符合设计要求	
灌缝材料与路面高差(mm)		每5条缝抽量1处，每处裂缝测3点取平均值	±1或符合设计要求	游标卡尺或钢尺量

注：不开槽灌缝时，开槽尺寸指标不适用。

7.5.3 贴缝施工过程质量控制要求应符合表7.5.3的规定。

表 7.5.3 贴缝施工过程质量控制要求

检查项目	检验频率	质量要求或允许偏差	检验方法
外观	随时	贴缝胶边缘整齐、表面平整，与裂缝吻合，无明显偏离，贴缝胶与路面黏结牢固，无脱开现象	目测
与路面高差(mm)	每5条裂缝抽查1处，每处裂缝测3点取平均值	+3	游标卡尺或钢尺量

8 雾封层

8.1 一般规定

8.1.1 雾封层应根据原路面情况选择乳化沥青类、还原剂类或渗透固化类材料。使用还原剂的雾封层可称为还原剂封层,使用渗透固化剂的雾封层可称为渗透固化封层。

8.1.2 雾封层施工后的抗滑性能应满足设计要求。

8.1.3 雾封层施工环境温度不应低于10℃,宜高于15℃,风速宜小于5 m/s;雾封层材料养生完成前可能有降水时,不得施工。

8.1.4 雾封层采用油基材料时,应在路表干燥状态下施工;雾封层采用水基材料时,路表可潮湿但不得有积水。

8.1.5 还原剂封层中沥青还原制剂应具有渗透性和还原活性,其还原剂的使用量应根据还原剂的类型和路面的老化程度确定。

8.1.6 渗透固化封层中渗透固化剂应具有渗透性和固化性,其渗透固化剂使用量应根据构造深度、路面使用年限及沥青老化程度等因素确定。

8.2 材 料

8.2.1 不含砂雾封层用乳化沥青性能应符合现行行业标准《公路沥青路面施工技术规范》JTG F40 的规定,喷洒前需稀释的材料在喷洒过程应能保持性能稳定。

8.2.2 含砂雾封层用乳化沥青类材料性能应符合现行行业标准《沥青路面雾封层材料 乳化沥青类薄浆封层》JT/T 1330 的规定。

8.2.3 还原剂封层材料性能应符合现行行业标准《沥青路面雾

封层材料 还原剂类雾封层材料》JT/T 1264 的规定。

8.2.4 沥青渗透固化剂技术要求应符合表 8.2.4 的规定。

表 8.2.4 沥青渗透固化剂技术要求

项目		单位	技术要求	试验方法
均匀性		—	搅拌后无结块或沉淀	用玻璃棒搅拌后目测
恩格拉黏度 E_{25}		—	1~6	T 0622
蒸发残留物含量		%	≥55	T 0651
筛上剩余率(1.18 mm)		%	≤0.1	T 0652
常温储存稳定性(1 d)		%	≤1	T 0655
与粗集料黏附性		—	5 级	T 0616
干燥时间	表干	min	≤45	GB/T 16777
	实干		≤90	
粘结强度(25℃,0.5 kg/m²,加载速率 0.7 MPa/s)		MPa	≥1.5	GB/T 16777
抗紫外光老化(60℃,模拟 3 年)		—	无明显开裂、结皮	附录 B

注:检验方法参照现行行业标准《公路工程沥青及沥青混合料试验规程》JTG E20 和《建筑防水涂料试验方法》GB/T 16777 的规定执行,其中黏结强度试验试样养护条件为 25℃±5℃,且拉拔头与试样接触界面采用环氧树脂黏结剂进行粘合。

8.2.5 含砂雾封层用细集料技术要求应符合表 8.2.5 的规定。

表 8.2.5 含砂雾封层用细集料技术要求

项目		技术要求	试验方法
表观相对密度		≥2.5	T 0328
吸水率(%)		≤2	T 0330
砂当量(%)		≥85	T 0334
通过下列筛孔(mm)的质量百分率(%)	2.36	100	T 0327
	1.18	90~100	
	0.3	5~70	
	0.075	0~5	

注:检验方法参照现行行业标准《公路工程集料试验规程》JTJ 058 的规定执行。

8.3 施工准备

8.3.1 应配备满足施工工艺要求的雾封层专用喷洒车,小面积施工时可使用小型手持式喷洒机具,应配备必要辅助机具等。

8.3.2 各类施工设备和机具应运转正常。雾封层喷洒车喷洒管高度应适宜,喷嘴与洒油喷洒管夹角应调整至适宜位置,喷嘴应无堵塞,喷洒压力应正常,洒布时宜有 2 个或 3 个喷嘴喷洒的材料能同时覆盖同一点。

8.3.3 施工前应对喷洒设备的计量系统进行标定。雾封层喷洒车喷洒率标定可按下列步骤进行:

1 准备不少于 3 块的形状规则的油毛毡或塑料布等,测得其面积 S 和质量 M_1。

2 将油毛毡或塑料布平铺到路面上,启动雾封层喷洒车,按设定速度和喷洒量驶过。

3 称取油毛毡或塑料布与其上材料的总质量 M_2。

4 按下式计算喷洒率 S_r:

$$S_r = (M_2 - M_1)/S \tag{8.3.3}$$

5 计算喷洒率的平均值作为最终测试结果。

8.3.4 雾封层材料的喷洒率,应根据原路面技术状况、表面致密程度、粗糙度、路面渗水、松散麻面情况,在设计基础上做出合理调整。可按下列方法确定:

1 将 1 L 雾封层材料均匀倾倒在 $1\ m^2$ 的路面上,如胶结料没有完全被表面吸收,可适当减少胶结料的用量。

2 在另外 $1\ m^2$ 的路面上继续试验,重复本标准第 8.3.3 条的步骤,直至胶结料完全被表面吸收时,为适宜的喷洒率。

8.3.5 雾封层材料应均匀、稳定,无结块或沉淀、离析现象,必要时应搅拌。

8.3.6 原路面局部病害应按设计完成处治。

8.3.7 施工前路面应清洁、干燥,无杂物、污染、积水,构造物、路缘石、标线等设施应做防污染遮盖。

8.3.8 施工前应做好交通组织、施工安全、施工人员安排等准备工作。

8.3.9 雾封层施工应铺设试验段,长度不宜小于200 m,可根据试验段情况对设计喷洒率做适当调节,并确定施工工艺工序。

8.4 施工工艺

8.4.1 应采用雾封层专用喷洒车或专用喷涂工具,按设定的喷洒率喷洒或喷涂雾封层材料。

8.4.2 应保证施工起点和终点位置的喷洒边缘整齐,宜在起点和终点位置预铺油毛毡或塑料布。

8.4.3 如出现条纹状洒布或材料泄漏情况时,应立刻停止施工进行检查。

8.4.4 应根据材料的品种和气候条件确定雾封层的养生时间,干燥成型后方可开放交通。

8.5 施工质量控制

8.5.1 雾封层材料应以同一来源、同一次购入且存入同一储罐的同一规格的材料为一批,以"批"为单位进行材料性能检验,材料性能应符合本标准第8.2节的要求。

8.5.2 雾封层施工过程质量控制要求应符合表8.5.2的规定。

表 8.5.2 雾封层施工过程质量控制要求

检查项目		检验频率	质量要求或允许偏差	检验方法
外观		随时	表面应均匀一致，无流淌、露白、条痕、泛油、油斑等现象；侧缘及纵向接缝处应顺直、美观，无多洒、漏洒	目测
渗水系数(ml/min)		5个点/km	≤10	T 0971
抗滑性能	摆值	5个点/km	符合设计要求	T 0964
	构造深度	5个点/km		T 0961
宽度(mm)		5个点/km	±30	钢卷尺法
表面覆盖保持率		1 km/车道	6个月后≥70%原喷洒面积	现场观测及喷洒前后照片比对

注：检验方法参照现行行业标准《公路路基路面现场测试规程》JTG E60 的规定执行，其中检测频率均为每车道的检测频率。

9 碎石封层和纤维封层

9.1 一般规定

9.1.1 碎石封层、纤维封层的施工应在温度高于15℃、相对湿度低于75%的条件下进行；不应在湿度大、温度低的天气或雾天、雨天施工。

9.1.2 碎石封层按施工工艺不同，可分为同步和异步碎石封层；按集料粒径不同，可分为砂粒式、细粒式和中粒式，对应的集料规格最大粒径分别为5 mm、10 mm、15 mm。

9.1.3 碎石封层、纤维封层施工之前应先进行试摊铺，待确定沥青及集料洒（撒）布用量后方可进行施工。试验段长度宜不少于200 m。

9.2 材 料

9.2.1 碎石封层宜采用乳化沥青或改性乳化沥青作为胶结料，可采用道路石油沥青、改性沥青、橡胶沥青等作为胶结料；纤维封层应采用改性乳化沥青作为胶结料。

9.2.2 胶结料技术要求应符合现行行业标准《公路沥青路面施工技术规范》JTG F40的规定。采用乳化沥青时，乳化沥青蒸发残留物含量应不小于60%；采用改性乳化沥青时，改性乳化沥青指标应符合表9.2.2的规定。

表 9.2.2 改性乳化沥青技术要求

项目		单位	技术要求	试验方法
破乳速度		—	快裂	T 0658
粒子电荷		—	阳离子(+)	T 0653
筛上剩余量(1.18 mm)		%	≤0.1	T 0652
黏度	恩格拉黏度 E_{25}	—	3～30	T 0622
	沥青标准黏度 $C_{25,3}$	s	12～60	T 0621
蒸发残留物性质	固含量	%	≥62	T 0651
	针入度(100 g,25℃,5 s)	0.1 mm	>40	T 0604
	60℃动力黏度	Pa·s	≥30 000	T 0620
	软化点(R&B)	℃	≥80	T 0606
	延度(5℃)	cm	≥50	T 0605
	溶解度(三氯乙烯)	%	≥97.5	T 0607
	弹性恢复(25℃)	%	≥95	T 0662

注：检验方法参照现行行业标准《公路工程沥青及沥青混合料试验规程》JTG E20 的规定执行。

9.2.3 碎石封层、纤维封层应选择玄武岩、辉绿岩等岩石破碎而成，宜采用粒径 3 mm～5 mm、5 mm～8 mm、7 mm～10 mm、9 mm～12 mm 或 12 mm～15 mm 接近单一粒径的集料。

9.2.4 碎石封层、纤维封层用集料技术要求应满足表 9.2.4 的规定。

表 9.2.4 碎石封层、纤维封层用集料技术要求

项目	技术要求		试验方法
	二级、次干路及以上道路	三级、四级公路、支路	
石料压碎值(%)	≤20	≤20	T 0316
洛杉矶磨耗损失(%)	≤28	≤30	T 0317
磨光值	≥42	≥38	T 0321

续表9.2.4

项目	技术要求		试验方法
	二级、次干路及以上道路	三级、四级公路、支路	
表观相对密度	≥2.6	≥2.5	T 0304
吸水率(%)	≤2.0	≤3.0	T 0304
坚固性(%)	≤12	≤12	T 0314
针片状含量(%)	≤10	≤10	T 0312
水洗法<0.075 mm颗粒含量(%)	≤1	≤1	T 0310
软石含量(%)	≤2	≤2	T 0320

注：检验方法参照现行行业标准《公路工程集料试验规程》JTJ 058 的规定执行。其中，当碎石封层和纤维封层用作路表磨耗层时需满足磨光值要求，用于复合封层、封层罩面时可不做要求。

9.2.5 碎石封层、纤维封层用集料可采用沥青拌和站进行沥青预裹覆或烘干除尘处理，预裹覆的沥青与碎石封层喷洒的沥青类型、标号可不同。

9.2.6 纤维封层用纤维应具有高抗拉性能和高弹性模量，其类型可采用玻璃纤维、矿物纤维或玄武岩纤维，纤维长度宜为 6 cm，状态宜为卷轴式纤维盘，并符合现行行业标准《沥青路面用纤维》JT/T 533 的相关规定。

9.3 材料洒(撒)布率

9.3.1 应根据原路面状况、交通荷载等级、施工经验、施工季节等，并结合碎石粒径和施工层数，在表 9.3.1-1 和表 9.3.1-2 的范围内合理确定碎石用量、胶结料用量和纤维用量。

表 9.3.1-1 单层式碎石封层材料规格和用量

碎石规格 (mm)		碎石用量 (m³/1 000 m²)	(改性)乳化沥青用量 (kg/m²)	热(改性)沥青用量 (kg/m²)
砂粒式	3～5	4～7	1.2～1.5	—
细粒式	5～8	6～9	1.5～1.8	0.9～1.2
	7～10	8～11	1.8～2.1	1.1～1.4
中粒式	9～12	10～13	2.1～2.4	1.4～1.7
	12～15	13～16	2.4～2.7	1.7～2.0

注：具体用量应经现场试铺确定。

表 9.3.1-2 双层式碎石封层材料规格和用量

碎石规格 (mm)		碎石用量 (m³/1 000 m²)		(改性)乳化沥青用量 (kg/m²)		热(改性)沥青用量 (kg/m²)	
第一层	第二层	第一层	第二层	第一层	第二层	第一层	第二层
7～10	3～5	6～9	2～5	1.2～1.5	0.7～1.0	1.2～1.5	0.4～0.7
9～12	5～8	9～12	4～7	1.5～1.8	1.0～1.3	1.5～1.8	0.7～1.0
12～15	7～10	12～15	6～9	1.8～2.1	1.3～1.6	1.8～2.0	1.0～1.3

注：具体用量应经现场试铺确定。

9.4 施工准备

9.4.1 碎石封层施工应配备下列装备：

1 异步碎石封层应配备沥青洒布车、集料撒布车、不小于16 t的轮胎压路机、路面清扫车，以及其他辅助机具。

2 同步碎石封层应配备同步碎石封层机、不小于16 t的轮胎压路机、路面清扫车，以及其他辅助机具。

9.4.2 纤维封层应采用专用设备施工，专用设备应具备改性乳化沥青喷洒、纤维撒布、石料撒布及精确计量功能。

9.4.3 沥青和集料洒(撒)布装备应计量准确、洒(撒)布均匀，各类施工设备和机具应运转正常。沥青喷洒管高度应适宜，喷嘴与喷洒管夹角应调整至适宜位置,喷嘴应无堵塞,喷洒压力应正常,喷洒时宜有 2 个或 3 个喷嘴喷洒的材料同时覆盖同一点。

9.4.4 施工前应对沥青喷洒和石料撒布计量系统进行标定。沥青喷洒率标定可参照本标准第 8.3 节,石料撒布率标定可按下列步骤进行:

1 准备不少于 3 个形状规则的托盘或木板,测得其面积 S 和质量 M_1。

2 将托盘或木板放置到路面上,开启集料撒布车,按设定速度和撒布量驶过。

3 称取托盘或木板与其上石料的总质量 M_2。

4 按下式计算撒布率 S_r:

$$S_r = (M_2 - M_1)/S \qquad (9.4.4)$$

5 计算撒布率的平均值作为最终测试结果。

9.4.5 碎石封层施工材料应满足下列要求:

1 热沥青胶结料应加热至规定的施工温度。

2 乳化沥青应均匀、稳定,无结块或沉淀、离析现象。

3 集料应干燥。

9.4.6 原路面局部病害应按设计完成处治。施工前路面应清洁干燥,无杂物、无污染、无积水。

9.4.7 施工前应对公路人工构造物、路缘石、标线等外露部分作好防污染遮盖处理。

9.4.8 施工前应做好交通组织、施工安全、施工人员安排等准备工作。

9.5 施工工艺

9.5.1 异步碎石封层施工应满足下列要求:

1 首先按设定的洒布率喷洒胶结料,然后立即撒布碎石。胶结料使用乳化沥青时,碎石撒布应在乳化沥青破乳之前完成。

2 胶结料喷洒应均匀;碎石撒布应厚度一致,不应露出胶结料,局部缺料或石料过多处,应人工适当找补或清除。

3 碎石撒布完成后,应尽快碾压。胶结料喷洒、碎石撒布、碾压各工序的间隔时间应尽量缩短。

9.5.2 同步碎石封层及纤维封层施工时,应注意观察胶结料喷洒是否存在条纹状洒布或泄漏的情况,发现问题应立即停止洒(撒)布,查找问题并解决。

9.5.3 材料洒(撒)布完成后,应及时用轮胎压路机碾压3遍~4遍。碾压速度不宜超过3 km/h,每次碾压轮迹重叠约300 mm。

9.5.4 碾压完成后应留出充足时间封闭交通养生。

9.5.5 每天施工结束前,应采用适宜机具扫除路面上多余的集料。

9.5.6 应保证施工起点和终点位置的喷洒边缘整齐,宜在起点和终点位置预铺油毛毡。

9.5.7 双层或多层碎石封层时,每层均应按本标准第9.5.1~9.5.6条的要求施工。使用乳化沥青时,两层施工间隔宜不小于24 h。

9.5.8 在开放交通初期的12 h,宜设专人指挥交通或设置障碍物控制行车速度,车速不宜超过20 km/h。

9.6 施工质量控制

9.6.1 碎石封层和纤维封层施工过程材料质量控制要求应符合表9.6.1的规定。

表9.6.1 碎石封层和纤维封层施工过程材料质量控制要求

材料	检查项目	检验频率	质量要求或允许偏差	检验方法
胶结料	第9.2.1条要求的检测项目	每批来料1次	符合设计要求	第9.2节规定的方法
集料	第9.2.3条要求的检测项目			
纤维	JT/T 533的检测项目			

9.6.2 碎石封层和纤维封层施工过程质量控制要求应符合表9.6.2的规定。

表 9.6.2 碎石封层和纤维封层施工过程质量控制要求

检查项目		检验频率	与设计值的允许偏差	检验方法
胶结料洒布量(kg/m^2)		每工作日每层洒布检查1次	±0.2	T 0982
胶结料洒布温度(℃)		每车胶结料检查1次	±10	温度计
集料撒布量(kg/m^2)		每工作日每层撒布检查1次	±0.5	第9.4.3条中测试方法
宽度(mm)	有侧石	每100 m测1处	±30	钢卷尺法
	无侧石		≥0	

注：检验方法参照现行行业标准《公路路基路面现场测试规程》JTG E60 的规定执行。

9.6.3 纤维封层施工过程质量控制除应符合表9.6.2的规定外，尚应符合现行行业标准《公路沥青路面养护技术规范》JTG 5142 的有关规定。

10 微表处和稀浆封层

10.1 一般规定

10.1.1 微表处按矿料级配可分为 MS-2、MS-3 和 MS-4 三种类型,按性能可分为 A、B 两个等级。隧道道面、夜间施工及对性能有较高要求的路段宜采用 A 级微表处。

10.1.2 稀浆封层按矿料级配可分为 ES-1、ES-2 和 ES-3 三种类型,按开放交通快慢可分为快开放交通型、慢开放交通型两个等级。

10.1.3 微表处和稀浆封层的施工及养生期的气温应高于 10℃;严禁在雨天施工,不得在路面有积水或大部分仍处潮湿状态下进行施工。施工中遇雨或施工后混合料尚未成型遇雨时,应在雨后将无法正常成型的材料铲除。

10.1.4 微表处和稀浆封层用矿料可采用大粒径的块石、卵石经破碎而成,也可采用不同规格的粗集料、细集料、矿粉等掺配而成,应保证洁净、无黏土。

10.2 材 料

10.2.1 微表处用改性乳化沥青的技术要求应满足表 10.2.1 的规定。

表10.2.1 微表处用改性乳化沥青技术要求

项目		技术要求		试验方法
		A级微表处	B级微表处	
粒子电荷		阳离子正电(+)	阳离子正电(+)	T 0653
0.6 mm筛上剩余量(%)		≤0.1	≤0.1	T 0652
黏度	恩格拉黏度 E_{25}	3～30	3～30	T 0622
	25℃赛波特黏度(s)	20～100	20～100	T 0623
贮存稳定性(%)	1 d	≤1	≤1	T 0655
	5 d	≤5	≤5	
蒸发残留物含量(%)		≥60	≥60	T 0651
蒸发残留物性质	25℃针入度(0.1 mm)	40～100	40～100	T 0604
	软化点(℃)	≥65	≥60	T 0606
	5℃延度(cm)	≥60	≥20	T 0605
	溶解度(%)	≥97.5	≥97.5	T 0607
	黏韧性(N·m)	≥7	—	T 0624

注：检验方法参照现行行业标准《公路工程沥青及沥青混合料试验规程》JTG E20的规定执行。其中，贮存稳定性可根据施工实际情况选择试验天数，通常为5 d，改性乳化沥青生产后能在第二天使用完时也可选用1 d。个别情况下改性乳化沥青5 d的贮存稳定性难以满足要求，如果经搅拌后能均匀一致并正常使用时，可要求其在运至工地后存放在附有循环或搅拌装置的贮存罐内，并进行循环或搅拌，否则不得使用。

10.2.2 稀浆封层用乳化沥青和改性乳化沥青的技术要求应满足表10.2.2的规定。

表10.2.2 稀浆封层用乳化沥青和改性乳化沥青技术要求

项目	技术要求			试验方法
	改性乳化沥青	BC-1	BA-1	
1.18 mm筛上剩余量(%)	≤0.1	≤0.1	≤0.1	T 0652
电荷	正电(+)	正电(+)	负电(-)	T 0653
恩格拉黏度 E_{25}	3～30	2～30	2～30	T 0622

续表10.2.2

项目		技术要求			试验方法
		改性乳化沥青	BC-1	BA-1	
沥青标准黏度 $C_{25,3}$(s)		—	10~60	10~60	T 0621
蒸发残留物含量(%)		≥60	≥55	≥55	T 0651
蒸发残留物性质	25℃针入度(0.1 mm)	40~100	45~150	45~150	T 0604
	软化点(℃)	≥57	—	—	T 0606
	5℃延度(cm)	≥20	—	—	T 0605
	15℃延度(cm)	—	≥40	≥40	
	溶解度(%)	≥97.5	≥97.5	≥97.5	T 0607
贮存稳定性(%)	1 d	≤1	≤1	≤1	T 0655
	5 d	≤5	≤5	≤5	

注：检验方法参照现行行业标准《公路工程沥青及沥青混合料试验规程》JTG E20 的规定执行。其中，乳化沥青黏度以恩格拉黏度为准，条件不具备时也可采用沥青标准黏度。贮存稳定性可根据施工实际情况选择试验天数，通常为5 d，改性乳化沥青生产后能在第二天使用完时也可选用1 d。个别情况下改性乳化沥青5 d 的贮存稳定性难以满足要求，如果经搅拌后能均匀一致并正常使用时可要求其在运至工地后应存放在附有循环或搅拌装置的贮存罐内，并进行循环或搅拌，否则不得使用。

10.2.3 微表处和稀浆封层用粗集料、细集料、合成矿料的技术要求应符合表10.2.3的要求。

表10.2.3 微表处和稀浆封层用粗集料、细集料、合成矿料技术要求

材料	项目	技术要求			试验方法	备注
		A级微表处	B级微表处	稀浆封层		
粗集料	压碎值(%)	≤26	≤26	≤28	T 0316	—
	洛杉矶磨耗损失(%)	≤25	≤25	≤30	T 0317	—
	磨光值(BPN)	≥42	≥42	—	T 0321	—
	坚固性(%)	≤12	≤12	—	T 0314	—
	针片状含量(%)	≤15	≤15	≤18	T 0312	—

续表10.2.3

材料	项目	技术要求 A级微表处	技术要求 B级微表处	技术要求 稀浆封层	试验方法	备注
细集料	坚固性(%)	≤12	≤12	—	T 0340	>0.3 mm 部分
合成矿料	砂当量(%)	≥65	≥65	≥50	T 0334	合成矿料中<4.75 mm 部分
合成矿料	亚甲蓝值(g/kg)	≤2.5	—	—	T 0349	合成矿料中<2.36 mm 部分

注：检验方法参照现行行业标准《公路工程集料试验规程》JTJ 058 的规定执行。其中稀浆封层用于四级公路时，粗、细集料的质量要求可参照现行行业标准《公路沥青路面施工技术规范》JTG F40 适当放宽。

10.2.4 微表处宜使用 A 级微表处，宜添加纤维，添加纤维种类宜为玻璃纤维，添加量宜不低于混合料质量的 0.2%。

10.2.5 根据工程需要，可添加能调节稀浆混合料拌和时间、破乳速度、开放交通时间等的添加剂，添加剂不得对微表处和稀浆封层路用性能产生负面影响。

10.2.6 微表处和稀浆封层用水不得含有有害的可溶性盐类、引起化学反应的物质和其他污染物，宜采用可饮用水。

10.3 混合料设计

10.3.1 微表处矿料级配范围应符合表 10.3.1 的规定。

表10.3.1 微表处矿料级配范围

级配类型	通过下列筛孔(mm)的质量百分率(%)									
	16.5	9.5	7.2	4.75	2.36	1.18	0.6	0.3	0.15	0.075
MS-2	100	100	100	90~100	65~90	45~70	30~50	18~30	10~21	7~12
MS-3	100	100	83~96	70~90	45~70	28~50	19~34	12~25	7~18	6~12
MS-4	100	88~100	72~90	60~80	40~60	28~45	19~34	14~25	8~17	4~8

注：填料计入矿料级配。条件不具备的，可不对 7.2 mm 筛孔通过率进行控制。

10.3.2 稀浆封层矿料级配范围应符合表10.3.2的规定。

表10.3.2 稀浆封层矿料级配范围

级配类型	通过下列筛孔(mm)的质量百分率(%)							
	9.5	4.75	2.36	1.18	0.6	0.3	0.15	0.075
ES-1	—	100	90～100	65～90	40～65	25～42	15～30	10～20
ES-2	100	90～100	65～90	45～70	30～50	18～30	10～21	5～15
ES-3	100	70～90	45～70	28～50	19～34	12～25	7～18	5～15

注:填料计入矿料级配。

10.3.3 微表处混合料技术要求应符合表10.3.3-1的规定,稀浆封层混合料技术要求应符合10.3.3-2的规定。

表10.3.3-1 微表处混合料技术要求

项目		技术要求		试验方法
		A级微表处	B级微表处	
可拌和时间(s)		90～180	120～300(25℃)	T 0757
破乳时间(min)		≤10	≤20	T 0753
黏聚力(N·m)	30 min初凝时间	≥1.2,且初级成型	≥1.2	T 0754
	60 min开放交通时间	≥2.0,且中度成型	≥2.0,且初级成型	
温度25℃、湿度70%条件下养生2 h,养生初期磨耗损失(g/m²)		≤800	—	JTG/T 5142—01—2021附录B
负荷轮黏附砂量(g/m²)		≤450	≤450	T 0755
湿轮磨耗值(g/m²)	25℃浸水1 h	≤360	≤540	T 0752
	25℃浸水6 d	≤480	≤800	
轮辙变形试验的宽度变化率(%)		≤5	≤5	T 0756
配伍性等级值		≥11	≥11	T 0758

注:检验方法参照现行行业标准《公路工程沥青及沥青混合料试验规程》JTG E20的规定执行。其中,可拌和时间应按施工现场可能遇到的温度进行测试;破乳时间的测试应选用工程实际使用的集料(合成级配),否则应予注明;对不用于车辙填充的微表处混合料可不要求轮辙变形试验;对A级微表处混合料应进行配伍性试验并满足配伍性等级值,B级微表处混合料宜进行配伍性等级试验。

表 10.3.3-2 稀浆封层混合料技术要求

项目		技术要求		试验方法
		A级微表处	B级微表处	
25℃可拌和时间(s)		≥120	≥180	T 0757
黏聚力试验 (N·m)	30 min(初凝时间)	≥1.2	—	T 0754
	60 min(开放交通时间)	≥2.0		
负荷车轮黏附砂量(g/m²)		≤450		T 0755
25℃浸水1h湿轮磨耗值(g/m²)		≤800		T 0752

注：检验方法参照现行行业标准《公路工程沥青及沥青混合料试验规程》JTG E20 的规定执行。其中，试样至少为初级成型，当用于轻交通荷载等级公路的罩面和下封层时，对黏附砂量指标可不作要求。

10.3.4 应采用实际工程中所用各种材料，按下列步骤进行配合比设计：

1 应根据选择的级配类型，按表 10.3.1 或表 10.3.2 的级配范围确定各档料的掺配比例。

2 应根据经验初选 1 个～3 个(改性)乳化沥青配方，(改性)乳化沥青质量应符合表 10.2.1 或表 10.2.2 的技术要求。

3 应在合理的材料用量范围内依据经验配制混合料，进行拌和试验及黏聚力试验，对于 A 级微表处还应进行养生初期磨耗损失试验。应根据试验结果选择 1 个～3 个合理的混合料初试配合比。

4 对初试配合比混合料进行混合料性能试验，试验结果应符合表 10.3.3-1 或表 10.3.3-2 的要求。

5 当所有初试配合比混合料的性能都不符合要求时，应按步骤 1～4 重复试验。

6 根据所选择的混合料初试配合比，以初试油石比为中值，按一定间隔(一般间隔为 0.3%)取 5 个油石比分别制备试样进行试验，将不同油石比的 1 h 湿轮磨耗值及负荷轮黏附砂量绘制成如图 10.3.4 所示的关系曲线；以 1 h 湿轮磨耗值接近表 10.3.3-1 中要求上限的油石比作为最小油石比 P_{bmin}，黏附砂量接近表10.3.3-1 中要求上限的油石比为最大油石比 P_{bmax}，得出油石比的可选择范围 $P_{bmin} \sim P_{bmax}$。

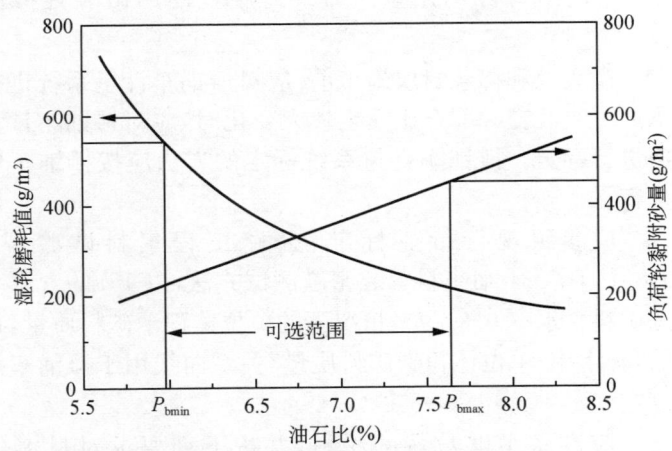

图 10.3.4　混合料湿轮磨耗值、负荷轮黏附砂量与油石比关系曲线

7　在可选范围内选择适宜的油石比，可将图 10.3.4 关系曲线中交叉点对应的油石比作为最佳油石比。微表处混合料在该油石比情况下的各项技术指标均应满足表 10.3.3-1 的技术要求，不符合要求时应调整油石比并重新试验。

10.4　施工准备

10.4.1　微表处施工应配备微表处摊铺车、装载机、乳化沥青储罐等施工设备以及其他辅助机具，进行车辙填充时还应配备 V 形车辙摊铺槽。稀浆封层施工应配备微表处摊铺车或稀浆封层摊铺车、装载机、乳化沥青储罐等施工设备以及其他辅助机具。各类施工设备和机具应运转正常。

10.4.2　微表处摊铺车的拌和箱应为大功率双轴强制搅拌式，摊铺槽应带有两排布料器，摊铺车应具有精确计量系统并可记录或显示矿料、乳化沥青等的用量。稀浆封层摊铺车的拌和箱宜为大功率双轴强制搅拌式，摊铺车应具有精确计量系统并可记录或显示矿料、乳化沥青等的用量。稀浆封层宜使用微表处摊铺车摊铺。

10.4.3 微表处和稀浆封层施工前，应对摊铺车计量系统进行标定。当原材料改变和配合比发生较大变化时，应对摊铺车计量系统重新进行标定。摊铺车计量系统标定的方法应按摊铺车使用说明进行。

10.4.4 应参照现行行业标准《公路工程集料试验规程》JTJ 058 中 T 0331 细集料紧装密度测试方法，以 1% 的含水率间隔检测矿料含水率 0%～7% 情况下的单位体积干矿料质量，得出矿料的"含水率-单位体积干矿料质量"关系曲线用于摊铺车计量系统设定。

10.4.5 应准备足够数量的材料，并按下列要求对材料进行检查：

 1 应对施工用的（改性）乳化沥青、矿料、水、填料等进行质量检查，符合设计要求后方可使用。

 2 粗集料中的超粒径颗粒应筛除。

 3 应测定矿料含水率。

10.4.6 应铺筑长度不小于 200 m 的试验段。应根据试验段情况在设计配合比基础上确定施工配合比，并确定施工工艺。通过试验段确定的生产配合比和施工工艺，经监理或业主认可后应作为正式施工依据，施工过程中不得随意更改。

10.4.7 生产配合比应满足下列要求：

 1 生产配合比的油石比不应超出设计油石比 ±0.2%。

 2 生产配合比的矿料级配，以设计级配为基准各筛孔通过率不应超出表 10.4.7 规定的允许波动范围，且不应超出表 10.3.1 或表 10.3.2 的级配范围上、下限。

3 生产配合比的油石比或矿料级配的调整幅度超出上述规定时,应重新进行混合料配合比设计。

表 10.4.7 微表处和稀浆封层矿料级配允许波动范围

筛孔(mm)	16.5	9.5	7.2	4.75	2.36	1.18	0.6	0.3	0.15	0.075
允许波动范围(%)	—	—	±4	±4	±4	±4	±4	±3	±3	±2

10.4.8 微表处和稀浆封层施工前,应按设计要求完成对原路面病害、热熔类标线等的处理。

10.5 施工工艺

10.5.1 微表处和稀浆封层应按下列步骤施工:
1 彻底清除原路面的泥土、杂物等。
2 施划导线,有路缘石、车道线等作为参照物的也可不施划导线。
3 如有喷洒黏层油要求的,启动喷洒车进行黏层油喷洒,并进行养生。
4 开启摊铺车,摊铺微表处或稀浆封层混合料。
5 手工修复局部施工缺陷。
6 初期养生。
7 开放交通。

10.5.2 宜根据设计要求的整幅施工宽度,综合考虑减少纵向接缝数量、将纵向接缝宜放在车道线附近等因素,合理确定单幅摊铺宽度。

10.5.3 摊铺车应保持匀速摊铺,摊铺速度应使摊铺槽中稀浆混合料体积保持在摊铺槽容积的 1/2 左右。

10.5.4 当摊铺车内任何一种材料即将用完时,应立即关闭所有材料的输送控制开关,待混合料全部送入摊铺槽完成摊铺后,摊铺车应停止前进,提起摊铺槽,移至路侧清理。施工废弃物应收集装入废料车,不得随意抛掷。

10.5.5 条件允许时,宜采用连续式摊铺车。

10.5.6 微表处应使用胶轮压路机碾压成型,碾压时机为微表处初凝以后,碾压遍数应符合现行行业标准《公路沥青路面施工技术规范》JTG F40 的规定。稀浆封层摊铺后可不碾压;用于硬路肩、停车场等缺少行车碾压的场合,或为了满足特殊需要,可使用 6 t~10 t 轮胎压路机进行碾压。碾压时机应选择在稀浆封层混合料已破乳并初步成型之后。

10.5.7 微表处和稀浆封层混合料铺筑后,在开放交通前应严禁车辆和行人通行。当微表处和稀浆封层混合料满足开放交通的要求后,应尽快开放交通。

10.5.8 微表处用于车辙填充时,应调整摊铺厚度,使填充层横断面的中部隆起 3 mm~5 mm。

10.6 施工质量控制

10.6.1 微表处和稀浆封层施工过程材料质量控制要求应符合表 10.6.1 的规定。

表 10.6.1 微表处和稀浆封层施工过程材料质量控制要求

材料	检查项目	质量要求	检验频率
乳化沥青或改性乳化沥青	表 10.2.1 或表 10.2.2 要求的检测项目	符合设计要求	每批来料 1 次
矿料	砂当量	符合设计要求	每批来料 1 次
	级配		
	含水率	实测	每工作日 1 次

注:矿料级配符合设计要求,是指实际级配不超出相应级配类型要求的各筛孔通过率的上、下限,且以矿料设计级配为基准,实际级配中各筛孔通过率不得超过表 10.4.7 规定的允许波动范围。

10.6.2 微表处和稀浆封层施工过程质量控制要求应符合表 10.6.2 的规定。

表 10.6.2 微表处和稀浆封层施工过程质量控制要求

检查项目	检验频率	质量要求或允许偏差		检验方法
		微表处	稀浆封层	
可拌和时间(s)	1次/工作日	符合设计要求	—	T 0757
稠度	1次/100 m	适中		经验法
油石比(%)	1次/工作日	满足生产配合比要求		三控检验法
矿料级配	1次/工作日	满足施工配合比的矿料级配要求		摊铺过程中从矿料输送带末端接出集料进行筛分
外观	全线连续	表面平整、密实、均匀,与路缘石及其他构筑物连接平顺;无松散、麻面、花白、轮迹、划痕等现象		目测
摊铺厚度(mm)	5 个断面/km	不小于设计值的90%		钢尺测量或其他有效手段,每幅中间及两侧各1点,取平均值作为检测结果
摊铺宽度(mm)	1处/100 m	≥设计值		钢卷尺法
接缝处高差(mm)	纵缝每100 m测1处;横缝逐条检查,每条缝测1处	≤6		3 m 直尺、塞尺
浸水1 h湿轮磨耗(g/m²)	1次/7个工作日	≤360(A级微表处) ≤540(B级微表处)	≤800	T 0752

注:检验方法参照现行行业标准《公路工程沥青及沥青混合料试验规程》JTG E20 的规定执行。其中,A 级微表处可不采用经验法方法进行稠度检验。矿料级配符合设计要求,是指实际级配不超出相应级配类型要求的各筛孔通过率的上、下限,且以矿料设计级配为基准,实际级配中各筛孔通过率不得超过表 10.4.7 规定的允许波动范围。

11 薄层罩面和超薄罩面

11.1 一般规定

11.1.1 薄层罩面可使用与铺筑厚度相匹配的 SMA-10/13、AC-10/13、OGFC 型热拌沥青混合料或温拌沥青混合料,胶结料应根据使用场合选择采用高黏度改性沥青、高分子聚合物改性沥青、橡胶改性沥青或道路石油沥青。

11.1.2 超薄罩面可使用与铺筑厚度相匹配的空隙型超薄罩面 UTO-5/10/13 型、密实型超薄罩面 UTOD-5、SMA-5/10、AC-5/10 型的热拌沥青混合料或温拌沥青混合料,也可选择冷拌沥青混合料。胶结料应根据使用场合选择采用高黏度改性沥青、高分子聚合物改性沥青、橡胶改性沥青或冷拌改性沥青,黏层应采用 SBS 改性乳化沥青、高黏度改性乳化沥青或不黏轮改性乳化沥青。

11.1.3 薄层或超薄层采用热拌沥青混合料施工时气温应高于 10℃;薄层采用温拌沥青混合料时施工气温应高于 5℃。浓雾和雨天、路面潮湿时不得施工。热拌和温拌薄层沥青混合料加铺的施工温度应分别符合现行行业标准《公路沥青路面施工技术规范》JTG F40 和现行上海市工程建设规范《温拌沥青混合料路面技术规程》DG/TJ 08—2083 的有关规定。

11.1.4 应根据不同的罩面类型选择合适的摊铺机铺筑,辅以必要的人工配合,做好各环节的温度控制和施工衔接。薄层罩面和超薄罩面施工前应将路面清洁干净,不得有泥斑、油污等污染。

11.1.5 空隙型超薄罩面应采用同步施工工艺,密实型超薄罩面可采用同步施工工艺。

11.2 材 料

11.2.1 道路石油沥青、SBS 改性沥青的技术指标应满足现行行业标准《公路沥青路面施工技术规范》JTG F40 的规定。超薄罩面用 SBS 改性沥青、高黏改性沥青、橡胶改性沥青、冷拌改性沥青的技术指标应分别符合表 11.2.1-1、表 11.2.1-2、表 11.2.1-3 的规定。

表 11.2.1-1 超薄罩面用 SBS 改性沥青、高黏改性沥青技术要求

项目	单位	技术要求		试验方法
		SBS 改性沥青	高黏改性沥青	
针入度(25℃,100 g,5 s)	0.1 mm	50～80	40～70	T 0604
延度(5℃,5 cm/min)	cm	≥30	≥40	T 0605
软化点	℃	≥75	≥90	T 0606
135℃运动黏度	Pa·s	1.0～3.0		T 0625,T 0619
165℃运动黏度	Pa·s		≤3	T 0625,T 0619
60℃动力黏度	Pa·s		≥200 000	T 0620
闪点	℃	≥230		T 0611
溶解度	%	≥99		T 0607
25℃弹性恢复	%	≥85	≥98	T 0662
离析(48 h 软化点差)	℃	≤2.5		T 0661
质量变化	%	−0.5～0.5	−1.0～1.0	T 0610 或 T 0609
25℃针入度比	%	≥75	≥70	T 0604
5℃延度	cm	≥20	≥30	T 0605
20℃ LAS-疲劳寿命	次	—	>20 000	附录 C

注：检验方法参照现行行业标准《公路工程沥青及沥青混合料试验规程》JTG E20 的规定执行。其中，采用干拌工艺时可不检测离析(48 h 软化点差)指标。

表 11.2.1-2 超薄罩面用橡胶改性沥青技术要求

项目		单位	技术要求	试验方法
25℃针入度		0.1 mm	30~60	T 0604
延度(5℃)		cm	≥20	T 0605
软化点(R&B)		℃	≥75	T 0606
运动黏度(180℃)		Pa·s	2~4	T 0625
离析(48 h 软化点差)		℃	≤5.0	T 0661
弹性恢复(25℃)		%	≥75	T 0662
TFOT(或 RTFOT)后残留物	质量损失	%	±0.5	T 0610 或 T 0609
	针入度比(25℃)	%	≥65	T 0604
	残留延度(5℃)	cm	≥5	T 0605

注:检验方法参照现行行业标准《公路工程沥青及沥青混合料试验规程》JTG E20 的规定执行。其中,对于厚度 10 mm~15 mm 的超薄罩面,60℃动力黏度宜不小于 100 000 Pa·s。

表 11.2.1-3 冷拌改性沥青技术要求

项目		单位	技术要求	试验方法
黏度	恩格拉黏度 E_{25}	—	3~30	T 0622
	沥青标准黏度 $C_{25,3}$	s	12~60	T 0621
蒸发残留物性质	固含量	%	≥62	T 0651
	软化点(R&B)	℃	≥85	T 0606
	延度(5℃)	cm	≥50	T 0605
	弹性恢复(25℃)	%	≥95	T 0662
	动力黏度(60℃)	Pa·s	≥20 000	T 0620
存储稳定性	1 d	%	≤1	T 0655
	5 d	%	≤5	
20℃拉拔强度	80℃养生 4 d	MPa	≥1.0	AASHTO T 361—16

注:检验方法参照现行行业标准《公路工程沥青及沥青混合料试验规程》JTG E20 的规定执行。

11.2.2 超薄罩面黏层宜采用 SBS 改性乳化沥青、高黏度改性乳化沥青,技术指标应符合表 11.2.2-1 的规定;采用异步施工工艺时,应采用不黏轮非乳化黏层油,其技术要求应符合表 11.2.2-2 的规定。黏层油洒布量应控制在 $(0.1 \sim 0.25)\,kg/m^2$,具体用量应根据路面类型以及路表构造深度,通过试喷洒来确定。

表 11.2.2-1 超薄罩面黏层用 SBS 改性乳化沥青、高黏度改性乳化沥青技术要求

项目		单位	技术要求		试验方法
			SBS 改性乳化沥青	高黏改性乳化沥青	
破乳速度		—	快裂	快裂	T 0658
粒子电荷		—	阳离子(+)		T 0653
筛上剩余量(1.18 mm)		%	≤0.1		T 0652
黏度	恩格拉黏度 E_{25}	—	1~15	—	T 0622
	沥青标准黏度 $C_{25,3}$	s	—	12~60	T 0621
蒸发残留物性能试验	含量	%	≥62	≥65	T 0651
	针入度(100 g, 25℃, 5 s)	0.1 mm	50~150	40~60	T 0604
	软化点	℃	≥55	≥80	T 0606
	60℃动力黏度	Pa·s	≥20 000	≥20 000	T 0620
	5℃延度	cm	≥40		T 0605
	溶解度(三氯乙烯)	%	≥97.5		T 0607
	25℃弹性恢复	%	≥60	≥85	T 0662
贮存稳定性	1 d	%	≤1		T 0655
	5 d	%	≤5		T 0655
与矿料的黏附性	裹覆面积	—	≥2/3		T 0654

注:检验方法参照现行行业标准《公路工程沥青及沥青混合料试验规程》JTG E20 的规定执行。

表 11.2.2-2　不黏轮非乳化黏层油技术要求

项目	单位	技术要求	试验方法
黏度(25℃)	mPa·s	50～150	T 0625—2011
储藏稳定性(24 h)	%	≤0.5	T 0656—1993
干燥时间(25℃)	h	表干≤1.5	GB/T 16777
		实干≤7	
筛上剩余量(0.3 mm,25℃)	%	≤0.1	T 0652—1993
黏结强度	MPa	≥1.0	附录 D
施工碾压后黏结效果	—	无脱落现象	观测

注：检验方法参照现行行业标准《公路工程沥青及沥青混合料试验规程》JTG E20 的规定执行。

11.2.3 粗集料、细集料和填料技术指标应符合现行行业标准《公路沥青路面施工技术规范》JTG F40 的有关规定,并满足下列要求：

1 粗集料宜采用质地坚硬、表面粗糙、形状接近立方体的玄武岩或辉绿岩等硬质石料加工而成,应具有良好的耐磨耗与磨光性能。

2 细集料宜采用石灰岩或岩浆岩中的强基性岩石经制砂机破碎得到的机制砂,应与沥青有良好的黏结能力。

3 填料宜采用石灰岩或岩浆岩中的强基性岩石经磨细得到的矿粉,应洁净、干燥。

11.3　混合料设计

11.3.1 采用薄层罩面时,SMA、AC、OGFC 型混合料的矿料级配范围应符合现行行业标准《公路沥青路面施工技术规范》JTG F40 的有关规定。

11.3.2 采用超薄罩面时,空隙型超薄罩面 UTO-5、UTO-10 和 UTO-13 级配范围宜符合表 11.3.2-1 的规定,密实型超薄罩面

UTOD-5、SMA-5 和 AC-5 型混合料矿料级配范围宜符合表 11.3.2-2 的规定。

表 11.3.2-1 空隙型超薄罩面混合料矿料级配范围

级配类型	通过下列筛孔(mm)的质量百分率(%)								
	16	16.5	9.5	4.75	2.36	1.18	0.6	0.3	0.15	0.075
UTO-13	100	80~100	60~80	25~40	20~30	13~20	8~14	6~11	4~9	4~7
UTO-10	—	100	85~100	35~60	15~35	8~25	6~20	5~15	4~12	3~8
UTO-5	—	—	100	65~100	15~30	5~20	3~18	2~15	2~10	0~7

表 11.3.2-2 密实型超薄罩面混合料矿料级配范围

级配类型	通过下列筛孔(mm)的质量百分率(%)							
	9.5	4.75	2.36	1.18	0.6	0.3	0.15	0.075
UTOD-5	100	85~100	25~53	15~34	10~24	8~16	5~11	4~8
SMA-5	100	90~100	35~65	22~36	18~28	15~22	13~18	9~15
AC-5	100	90~100	50~70	35~55	20~40	12~28	7~18	5~9

11.3.3 沥青混合料配合比设计宜按目标配合比、生产配合比和试拌试铺验证三阶段进行,确定其矿料级配及最佳沥青用量。UTO、UTOD 矿料级配类型的沥青混合料应按表 11.3.3-1 的规定进行性能试验验证,其他矿料级配类型的沥青混合料性能验证应按现行行业标准《公路沥青路面施工技术规范》JTG F40 的规定执行。另外,冷拌超薄罩面级配宜采用 UTO-5 型级配,其性能试验验证应按表 11.3.3-2 的规定执行。

表 11.3.3-1 UTO 型沥青混合料技术要求

项目		技术要求	试验方法
双面击实次数(次)		75	T 0702
试件尺寸(mm)		$\phi 101.6 \times 63.5$ mm	T 0702
空隙率 VV(%)	UTO-5/10/13	10~18	T 0708
	UTOD-5	3~5	T 0705

续表11.3.3-1

项目		技术要求	试验方法
矿料间隙率 VMA(%)	UTO-5/10/13	≥18	T 0709
	UTOD-5	15～18	T 0709
沥青饱和度 VFA(%)		20～50	T 0709
稳定度(kN)		≥6.0	T 0709
残留稳定度(%)		≥85	T 0709
冻融劈裂强度比(%)		≥80	T 0729
车辙试验动稳定度(次/mm)		≥2 500	T 0719
沥青析漏试验的胶结料损失(%)		≤0.1	T 0732
20℃飞散试验的沥青混合料损失(%)		≤10	T 0733
油膜厚度(μm)		≥9	—

注：检验方法参照现行行业标准《公路工程沥青及沥青混合料试验规程》JTG E20 的规定执行。

表11.3.3-2 UTO-5型冷拌超薄罩面混合料性能要求

项目	技术要求	试验方法
可拌和时间(s)	≥90	手工拌和
试件养生方法	混合料拌合好后在105℃条件下养生2 d后再在163℃条件下养生2 h,最后成型试件	—
马歇尔试件击实次数(次)	75	T 0702
矿料间隙率 VMA	≥20	T 0705
孔隙率(%)	≥10	T 0705
肯塔堡飞散损失率(%)	＜20	T 0733

注：检验方法参照现行行业标准《公路工程沥青及沥青混合料试验规程》JTG E20 的规定执行。

11.4 施工准备

11.4.1 施工应配备下列装备：

1 同步施工时，应配备同步摊铺机、压路机以及其他辅助设备或机具。

2 异步施工时,应配备摊铺机、压路机、沥青洒布车以及其他辅助设备或机具。

3 冷拌薄层施工时,应配备稀浆封层车、沥青洒布车、压路机及其他辅助设备或机具。

11.4.2 同步摊铺机应能同步实施乳化沥青喷洒、混合料摊铺及熨平,乳化沥青喷洒与混合料摊铺时间间隔不应超过5 s。

11.4.3 各类施工设备和机具应运转正常,沥青喷洒计量系统应进行标定。

11.4.4 应按生产配合比进行试拌,铺筑试验段,试验段长度不宜小于200 m。通过试验段确定的标准配合比和施工工艺,经监理或业主认可后作为正式施工依据,施工过程中不得随意更改。

11.4.5 薄层罩面和超薄罩面施工前,应按设计要求完成对原路面病害、标线等附属设施的处理。

11.4.6 施工准备的其他事宜应按现行行业标准《公路沥青路面施工技术规范》JTG F40 的规定执行。

11.5 施工工艺

11.5.1 薄层罩面和异步施工超薄罩面,施工工艺应符合现行行业标准《公路沥青路面施工技术规范》JTG F40 的相关规定。

11.5.2 同步施工的空隙型超薄罩面,施工工艺除应符合现行行业标准《公路沥青路面施工技术规范》JTG F40 的相关规定外,还应符合下列规定:

1 间歇式拌和机每盘的生产周期应适当延长 5 s~10 s,沥青混合料的贮存时间不宜超过 6 h。

2 黏层改性乳化沥青喷洒温度宜为 60℃~80℃。

3 应使用 11 t~13 t 双钢轮压路机静压 2 遍~3 遍,不得使用轮胎压路机。

4 碾压终了温度应不低于 90℃。

 5 纵向接缝宜位于标线附近。

11.5.3 冷拌超薄罩面应按下列步骤施工：

 1 彻底清除原路面的泥土、杂物等，检查路面病害处理情况。

 2 应先洒布不黏轮非乳化黏层油。

 3 施划导线，以保证摊铺车顺直行驶；有路缘石、车道线等作为参照物的，可不施划导线。

 4 摊铺车摊铺稀浆混合料。

 5 修复局部施工缺陷。

 6 视路面密实与平整状况决定是否需要进行胶轮碾压。

 7 初期养护。

 8 开放交通。

11.6 施工质量控制

11.6.1 薄层罩面和超薄罩面施工过程材料质量控制要求应符合表 11.6.1 的规定。

表 11.6.1 薄层罩面和超薄罩面施工过程材料质量控制要求

材料	检查项目	质量要求	检验频率
SBS改性沥青、高黏度改性沥青	表 11.2.1-1 要求的检测项目	符合设计要求	每批来料1次
橡胶改性沥青	表 11.2.2-2 要求的检测项目		
高黏度改性乳化沥青	表 11.2.2-1 要求的检测项目		
不黏轮非乳化黏层油	表 11.2.2-2 要求的检测项目		
冷拌改性沥青	表 11.2.1-3 要求的检测项目		
高分子聚合物改性沥青、道路石油沥青	现行行业标准《公路沥青路面施工技术规范》JTG F40 规定的检测项目	符合设计要求	每批来料1次
粗集料、细集料和填料	现行行业标准《公路沥青路面施工技术规范》JTG F40 规定的检测项目		

11.6.2 薄层罩面和超薄罩面用沥青混合料的检验频率和质量要求,应按现行行业标准《公路沥青路面施工技术规范》JTG F40 的规定执行。

11.6.3 薄层罩面施工过程质量控制要求应符合表 11.6.3 的规定。

表 11.6.3 薄层罩面施工过程质量控制要求

检查项目		检验频率	质量要求或允许偏差		检验方法
			高速、一级公路和城市快速路、主干路	其他等级公路和城市道路	
压实度(%)		每 1 500 m² 测 1 处	≥试验室标准密度的 96%(98%) ≥最大理论密度的 92%(94%) ≥试验段密度的 98%(99%)		T 0924、T 0922 及现行行业标准《公路沥青路面施工技术规范》JTG F40 的有关规定
厚度均值(mm)		5 个断面/km,每个断面测 3 点	不小于设计值		T 0912
平整度	σ(mm)	连续检测	≤1.5	≤2.5	T 0932 或 T 0934
	IRI(m/km)		≤2.5	≤4.2	
渗水系数(ml/min)		5 个点/km	符合设计要求		T 0971
宽度(mm)		5 个点/km	不小于设计值		钢卷尺法

注:表内压实度,对密级配混合料,用于高速公路、一级公路时应选用 2 个标准评定,以合格率低的作为评定结果;用于其他等级公路时选用 1 个标准进行评定;对开级配混合料,应满足设计要求。其中,括号内指标特指对于 SMA 混合料路面。

11.6.4 热拌超薄罩面施工过程质量控制要求应符合表 11.6.4 的规定。

表 11.6.4 热拌超薄罩面施工过程质量控制要求

检查项目		检验频率	质量要求或允许偏差		检验方法
			高速、一级公路和城市快速路、主干路	其他等级公路和城市道路	
厚度均值(cm)		5个断面/km，每个断面测3点	不小于设计值		T 0912
平整度	σ(mm)	连续检测	≤1.5	≤2.5	T 0932 或 T 0934
	IRI(m/km)		≤2.5	≤4.2	
渗水系数(ml/min)		5个点/km	符合设计要求		T 0971
宽度(mm)		5个点/km	不小于设计值		钢卷尺法

注：检验方法参照现行行业标准《公路路基路面现场测试规程》JTG E60 的规定执行。

11.6.5 冷拌超薄罩面交工验收在工程完工后 1 月～2 月时，全线以 1 km～3 km 作为一个评价路段，其质量验收应符合表 11.6.5 的规定。

表 11.6.5 冷拌超薄罩面交工验收标准

检查项目		检验频率	质量要求或允许偏差	检验方法
表观质量	外观	全线连续	表面平整、密实、均匀、无松散、无花白料、无轮迹、无划痕	目测
	横向接缝	每条	对接，平顺	目测
	纵向接缝	全线连续	宽度<80 mm 不平整<6 mm	目测或用尺量（3 m 直尺）
	边线	全线连续	任一 30 m 长度范围内的水平波动不得超过 ±50 mm	目测或用尺量

续表11.6.5

检查项目		检验频率	质量要求或允许偏差	检验方法
抗滑性能	摆值 F_b (BPN)	5个点/km	不小于原道路设计值	T 0964
	构造深度 TD(mm)	5个点/km	不小于原道路设计值	T 0961
厚度		3个点/km	不小于设计值的80%	钻孔或其他有效方法

注:检验方法参照现行行业标准《公路路基路面现场测试规程》JTG E60 的规定执行。

12 封层罩面

12.1 一般规定

12.1.1 封层罩面涉及的碎石封层、薄层罩面、超薄罩面等的施工环境及温度要求应符合本标准第 9.1 节和第 11.1 节的有关规定。

12.1.2 碎石封层施工完毕后，宜及时进行碾压，并应在罩面或封层前对多余的碎石进行回收。

12.2 材 料

12.2.1 碎石封层用胶结料和集料等原材料的技术要求应符合本标准第 9.2 节的有关规定，集料的技术要求经论证可适当放宽。

12.2.2 薄层罩面、超薄罩面用胶结料和集料等原材料的技术要求应符合本标准第 11.2 节的有关规定。

12.3 材料洒(撒)布率及混合料设计

12.3.1 碎石封层材料洒(撒)布率宜在本标准第 9.3 节有关规定的基础上，按 70%～90% 的满铺率进行设计。

12.3.2 薄层罩面、超薄罩面混合料设计要求应符合本标准第 11.3 节的有关规定。

12.4 施工准备

12.4.1 碎石封层的施工准备应符合本标准第 9.4 节的有关规定。

12.4.2 薄层罩面、超薄罩面的施工准备应符合本标准第11.4节的有关规定。

12.5 施工工艺

12.5.1 碎石封层的施工工艺应符合本标准第9.5节的有关规定。

12.5.2 碎石封层施工后应做好保护,在薄层罩面或超薄罩面施工前不得开放交通,多余或松散的碎石应采用清扫、吸除等方式清除。

12.5.3 薄层罩面、超薄罩面的施工工艺应符合本标准第11.5节的有关规定。

12.6 施工质量控制

12.6.1 碎石封层的施工质量控制要求应符合本标准第9.6节的有关规定。

12.6.2 薄层罩面、超薄罩面的施工质量控制要求应符合本标准第11.6节的有关规定。

13 预防养护后评估

13.0.1 宜建立沥青路面预防养护后评估机制,根据需要开展后评估,以实现下列全部或部分目标:

　1 总结预防养护技术的效果,形成符合实际的路面养护技术清单。

　2 总结形成路面病害产生的完整证据链。

　3 修正路面预防养护决策方法。

　4 建立符合实际的路况衰变模型,确定预防养护技术预期寿命。

　5 编制符合实际需要的路面预防养护技术指南。

13.0.2 预防养护后评估应开展下列工作:

　1 定期检查路面外观质量。

　2 定期对实施预防养护后的路面进行路面技术状况检测。

　3 进行预防养护的养护效果分析、经济性分析。

　4 总结预防养护决策、设计、施工经验。

13.0.3 预防养护效果达标指数 RS 大于等于 1 时,预防养护效果达标;RS 小于 1 时,预防养护效果不达标。RS 应采用式(13.0.3)计算:

$$RS = \frac{L_r}{L_e} \quad (13.0.3)$$

式中:RS——预防养护效果达标指数;

　　L_r——预防养护实际使用年限,以路面技术状况重新回到实施预防养护前水平所经历的时间计,路面技术状况指标一般可采用 PCI;

　　L_e——预防养护设计年限,设计未要求时可按表13.0.3确定。

表 13.0.3 预防养护设计年限

类型	设计年限通常范围(年)
雾封层	1～2
碎石封层	2～3
稀浆封层	2～3
微表处	2～3
复合封层	3～4
薄层罩面	4～6
超薄罩面(含冷拌超薄罩面)	3～4
封层罩面	5～8
就地热再生	2～3

注：设计年限当交通荷载等级高时宜靠下限取值，交通荷载等级低时宜靠上限取值。

13.0.4 应根据预防养护效果分析，形成后评估报告。预防养护效果不达标的，应分析原因和影响因素，并提出对策建议。

附录 A 最佳预防养护时机确定方法

A.0.1 根据预防养护技术的类型选择预防养护效益分析指标。对于表面加铺类预防养护技术,应选择 PCI、RQI 和 SFC 三项;对于非表面加铺类预防养护技术,可只选择 PCI 一项。

A.0.2 根据路面管理系统中的路况检测数据,标定所需分析沥青路面常规养护的衰变方程参数,确定沥青路面各效益分析指标的衰变方程。

A.0.3 由 PCI 的常规养护衰变方程及预防养护宏观路况标准,确定适合预防养护的时间范围,并根据相等的时间间隔或实际的路面养护计划选择预防养护时间对比方案。

A.0.4 根据预防养护技术的历史应用情况,并结合具体的路面条件,确定各时间对比方案所采取对应的预防养护技术后各预防养护效益分析指标的衰变方程。

A.0.5 周期养护效益的表征与计算方法如下:

1 对于表面加铺类预防养护技术,预防养护产生的效益主要表现为路面采取预防养护后 PCI、RQI 和 SFC 的综合改善量。因此,周期养护效益以各效益分析指标的标准化预防养护效益按其权重系数的加权值表征,即预防养护效益指数 PBI。对任一个预防养护时间比选方案 j,用 PBI_j 表示周期养护效益,其计算公式如下:

$$PBI_j = \gamma_1 \cdot SB_j(PCI) + \gamma_2 \cdot SB_j(RQI) + \gamma_3 \cdot SB_j(SRI) \tag{A.0.5-1}$$

式中:$SB_j(PCI)$——PCI 的标准化效益;

$SB_j(RQI)$——RQI 的标准化效益;

$SB_j(SFC)$——SFC 的标准化效益；

γ_1、γ_2 和 γ_3——PCI、RQI 和 SFC 的效益权重系数。

PCI、RQI 和 SFC 的标准化效益 $SB_j(PCI)$、$SB_j(RQI)$ 和 $SB_j(SFC)$ 分别以预防养护所增加的路面性能曲线下的面积与常规养护情况下路面性能曲线下的面积之比表征，其意义是按第 j 个时间方案实施预防养护，相对于常规养护，PCI、RQI 和 SFC 的改善率计算公式如下：

$$SB_j(PCI) = \frac{A_j(PCI)}{A_0(PCI)} \quad (A.0.5-2)$$

式中：$A_j(PCI)$——采取预防养护后 PCI 的改善量，如图 A.0.5-1 中的阴影部分所示，计算公式见(A.0.5-5)；

$A_0(PCI)$——常规养护情况下 PCI 的效益面积，如图 A.0.5-1 中的斜线部分所示，计算公式见(A.0.5-8)。

$$SB_j(RQI) = \frac{A_j(RQI)}{A_0(RQI)} \quad (A.0.5-3)$$

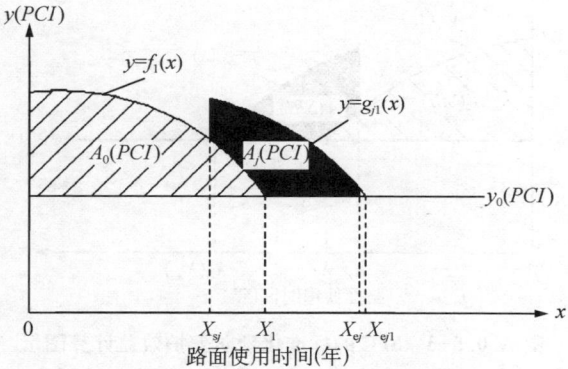

图 A.0.5-1 PCI 的标准化预防养护效益计算图示

式中：$A_j(RQI)$——采取预防养护后 RQI 的改善量，如图 A.0.5-2 中的阴影部分所示，计算公式见(A.0.5-6)；

$A_0(RQI)$——常规养护情况下 RQI 的效益面积，如图 A.0.5-2 中的斜线部分所示，计算公式见(A.0.5-9)。

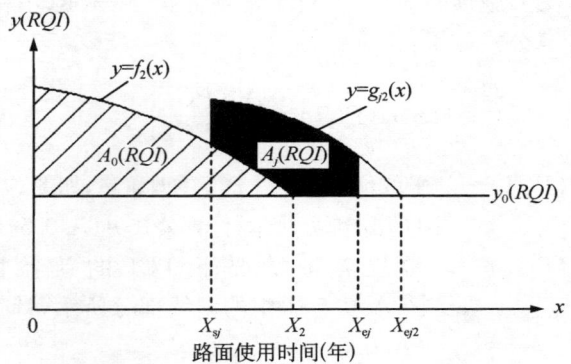

图 A.0.5-2 RQI 的标准化预防养护效益计算图示

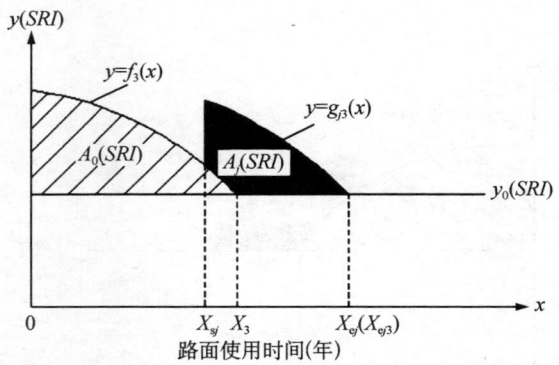

图 A.0.5-3 SFC 的标准化预防养护效益计算图示

$$SB_j(SFC) = \frac{A_j(SFC)}{A_0(SFC)} \quad (A.0.5-4)$$

式中：$A_j(SFC)$——采取预防养护后 SFC 的改善量，如图 A.0.5-3 中的阴影部分所示，计算公式见(A.0.5-7)；

$A_0(SFC)$——常规养护情况下 SFC 的效益面积，如图 A.0.5-3 中的斜线部分所示，计算公式见(B.0.5-10)。

$$A_j(PCI) = \int_{X_{sj}}^{X_1} [g_{j1}(x) - f_1(x)]dx + \int_{X_1}^{X_{ej}} [g_{j1}(x) - y_0(PCI)]dx$$
(A.0.5-5)

式中：$g_{j1}(x)$——路面采取预防养护后 PCI 的预期衰变方程(或曲线)；

$f_1(x)$——常规养护情况下 PCI 的衰变方程(或曲线)；

$y_0(PCI)$——PCI 的效益计算基线，$y_0(PCI)$ 的数值取 PCI 宏观预防养护标准的下限；

X_1——常规养护情况下 PCI 的衰变曲线达到其效益计算基线的路面使用时间；

X_{sj}——预防养护的实施起始时间点；

X_{ej}——预防养护的失效时间点，即预防养护情况下 PCI、RQI 和 SFC 的数值下降到相应效益计算基线的路面使用时间 X_{ej1}、X_{ej2} 和 X_{ej3} 的最小值(图 A.0.5-1～图 A.0.5-3)。

$$A_j(RQI) = \int_{X_{sj}}^{X_2} [g_{j2}(x) - f_2(x)]dx + \int_{X_2}^{X_{ej}} [g_{j2}(x) - y_0(RQI)]dx$$
(A.0.5-6)

式中：$g_{j2}(x)$——路面采取预防养护后 RQI 的预期衰变方程(或曲线)；

$f_2(x)$——常规养护情况下 RQI 的衰变方程(或曲线)；

$y_0(RQI)$——RQI 的效益计算基线，$y_0(RQI)$ 的数值取 RQI

宏观预防养护标准的下限；

X_2——常规养护情况下 RQI 的衰变曲线达到其效益计算基线的路面使用时间。

$$A_0(SFC) = \int_{X_{sj}}^{X_2} [f_{j3}(x) - f_3(x)] \mathrm{d}x + \int_{X_3}^{X_{ej}} [g_{j3}(x) - y_0(SFC)] \mathrm{d}x$$

(A.0.5-7)

式中：$g_{j3}(x)$——路面采取预防养护后 SFC 的预期衰变方程（或曲线）；

$f_3(x)$——常规养护情况下 SFC 的衰变方程（或曲线）；

$y_0(SFC)$——SFC 的效益计算基线，$y_0(SFC)$ 的数值对高速公路及一级公路，以及 AADT 评价为中及中以上的城市道路取 85，对二级和二级以下公路，以及 AADT 评价为中以下的城市道路取 82；

X_3——常规养护情况下 SFC 的衰变曲线达到其效益计算基线的路面使用时间。

$$A_0(PCI) = \int_0^{X_1} [f_1(x) - y_0(PCI)] \mathrm{d}x \quad (A.0.5-8)$$

$$A_0(RQI) = \int_0^{X_2} [f_2(x) - y_0(RQI)] \mathrm{d}x \quad (A.0.5-9)$$

$$A_0(SFC) = \int_0^{X_2} [f_3(x) - y_0(SFC)] \mathrm{d}x$$

(A.0.5-10)

2 对于非表面加铺类预防养护技术，预防养护产生的效益主要表现为路面采取预防养护后 PCI 的改善量。因此，周期养护效益以预防养护相对于常规养护所增加的路面性能曲线下的面积表征（如图 A.0.5-4 中的阴影部分所示）。对任一个预防养护时间比选方案 j，预防养护效益指数 PBI_j 的计算公式如下：

$$PBI_j = \int_{X_{sj}}^{X_0} [g_{j1}(x) - f_1(x)]dx + \int_{X_0}^{X_{ej}} [g_{j1}(x) - y_0(PCI)]dx$$

(A.0.5-11)

式中：$g_{j1}(x)$——路面采取预防养护后 PCI 的预期衰变方程（或曲线）；

$f_1(x)$——常规养护情况下 PCI 的衰变方程（或曲线）；

$y_0(PCI)$——PCI 的效益计算基线，$y_0(PCI)$ 的数值为 PCI 宏观预防养护标准的下限；

X_0——常规养护情况下 PCI 的衰变曲线达到其效益计算基线的路面使用时间，可由公式（A.0.5-12）计算；

X_{sj}——预防养护的实施起始时间点；

X_{ej}——预防养护的失效时间点，可由公式（A.0.5-13）确定。

$$f_1(x) = y_0(PCI) \quad (A.0.5\text{-}12)$$

$$g_{j1}(x) = y_0(PCI) \quad (A.0.5\text{-}13)$$

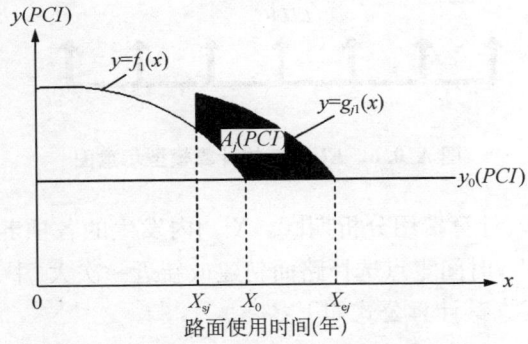

图 A.0.5-4 单一指标情况的预防养护效益计算图示

A.0.6 周期养护费用的表征与计算方法如下：

1 需要考虑的费用项目主要包括日常养护费、预防养护技术费和中修费三项。

2 由于各时间方案的养护费用分析周期不同，因此选择当量平均年度费用法（Equivalent Uniform Annual Cost，即 EUAC）来计算各时间方案的周期养护费用，分析指标选择 EUAC。对任意一个预防养护时间方案 j，$EUAC_j$ 的计算可分以下两步进行（计算模型如图 A.0.6 所示）：

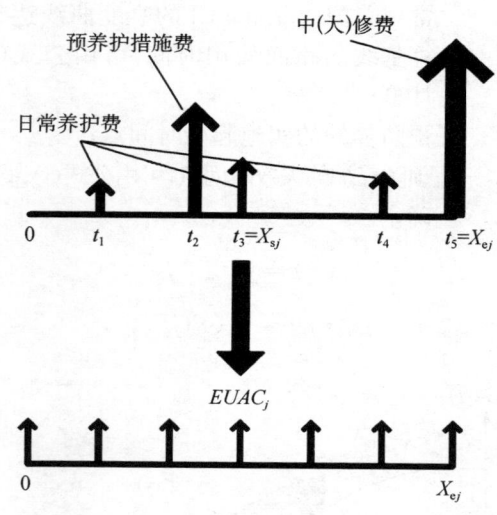

图 A.0.6 $EUAC_j$ 的计算模型示意图

第一步：计算费用分析期 $[0, X_{ej}]$ 内发生的各项养护费用的总现值 PW_j，时间零点选择路面新建或新近一次大（中）修或预防养护的时间。其计算公式如下：

$$PW_j = \sum C_i \times (1+d)^{-t_i} \quad (A.0.6\text{-}1)$$

式中：C_i——第 i 项养护费用；

d——利率(比如利率为 4%,则 $d=0.04$),可根据当地的经济发展水平选择;

t_i——第 i 项养护费用发生的时间(年)。

第二步:将各项费用的总现值 PW_j 转化为当量平均年度费用 $EUAC_j$,计算公式如下:

$$EUAC_j = PW_j \times \left[\frac{d \times (1+d)^{n_j}}{(1+d)^{n_j} - 1}\right] \quad (A.0.6-2)$$

式中:$EUAC_j$——第 j 个预防养护时间方案的当量平均年度费用;

n_j——第 j 个预防养护时间方案费用分析期的长度,$n_j = X_{ej}$,其意义见图 A.0.5-4 或图 A.0.5-1~图 A.0.5-3。

A.0.7 计算各预防养护时间对比方案的效益费用比 BCR,其计算公式如下。

$$BCR_j = \frac{PBI_j}{EUAC_j} \quad (A.0.7)$$

A.0.8 以 BCR 值最大的时间方案所对应的预防养护实施时间点作为最佳预防养护时机。

附录 B 室内模拟紫外光老化试验

B.1 目的与适用范围

B.1.1 通过紫外辐射能等量换算的方法,在室内模拟实际环境下涂膜承受的老化作用,通过对比老化前后涂膜的外观、性能指标的变化,来评判试样的抗老化性能。

B.1.2 适用于暴露在太阳辐射下涂膜材料的抗老化性能评定。

B.2 试验仪器及要求

B.2.1 试验采用的恒温湿的空气循环系统其内表面应采用高反射率材料,并形成封闭老化空间,设备宜具有自动计时开关功能。

B.2.2 其他辅助设备主要包括 300 W 型 UV 紫外光老化灯(波长 365 nm～400 nm 之间)、石板、辐照仪、线棒涂布等。

B.3 方法与步骤

B.3.1 提前 1 h 开启设备以保证老化箱测试环境稳定,控制老化箱内温度为 25℃±5℃,环境湿度为 55%±5%。

B.3.2 将老化箱紫外光强度设定在 $(22.6\pm0.5)\text{mW/cm}^2$ 的范围(可使用辐照仪对老化箱的紫外光强度进行标定,标定时可取老化箱 5 个不同位置测量结果的算术平均值作为标定值)。

B.3.3 在洁净的石板上酌量倒上试样,涂膜厚度为 0.15 mm 左右,试样数量不少于 3 个。

B.3.4 将制备的试样一同放入老化箱中,开启计时开关,设定相应模拟老化时间。不同模拟场景下对应的室内老化时间可参照表 B.3.4 执行。

表 B.3.4 室内紫外线灯照射的时间换算

模拟室外紫外线辐射时间（月）	室内老化箱紫外线照射时间（h）
6	80～85
12	160～170
18	240～260
24	330～350
36	485～515

B.3.5 老化结束后宜在 3 h 内观察试样的外观变化情况，并进行相应性能指标的测定。

B.4 报 告

B.4.1 试验报告应包括以下内容：
    1 老化照射时间、紫外光强度设定值。
    2 老化前后试样状态描述及相应性能指标测定结果。

附录 C 线性振幅扫描 LAS 试验

C.1 目的与适用范围

C.1.1 通过采用线性振幅扫描的重复加载试验,测试沥青的抗疲劳损伤性能。

C.1.2 适用于经旋转薄膜烘箱或压力老化试验仪老化后的沥青,可以模拟服役阶段沥青路面的老化沥青。

C.2 仪具与材料技术要求

C.2.1 动态剪切流变仪试验系统由平行金属板、环境室、加载设备、控制和数据采集系统组成。其基本原理如图 C.2.1 所示。

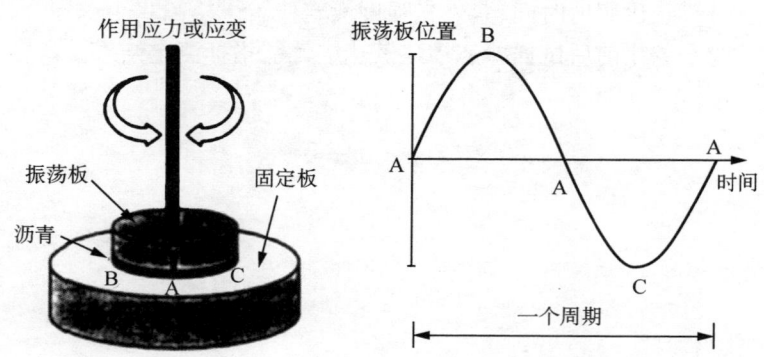

图 C.2.1 动态剪切流变仪基本原理

C.2.2 试验系统基本技术要求和参数

　　1 试验板:直径为 8.00 mm±0.05 mm 表面光滑的金属板。

2 环境:用来控制试验时试件的温度,通过加热或冷却维持一个恒定的试件环境。环境室中加热或冷却试件的介质应为不影响沥青性质的液体或气体。

3 温度控制器:在5℃~85℃温度范围内可将试件温度控制在试验温度的±0.1℃以内。

4 加载设备:可以向试件施加10 rad/s±0.1 rad/s频率的正弦振荡荷载。加载方式可采用应力控制荷载或应变控制荷载。

5 控制和数据采集系统:可记录温度、频率、偏转角度和扭矩,应满足表C.2.2中规定的精度要求。

表C.2.2 控制和数据采集系统要求

测定值	精度
温度	0.1℃
频率	1%
扭矩	10 mN·m
偏转角度	100 μrad

6 温度传感器:精确至±0.1℃。

7 试件修整器:刮刀或刀片,用于修整试件。

C.3 试验准备

C.3.1 使用旋转薄膜烘箱对沥青进行短期老化,或使用压力老化试验仪对沥青进行长期老化。

C.3.2 制备适用于8 mm平行板振幅扫描的沥青试件。经压力老化试验仪老化后的沥青,在DSR试验后剩余的流变性质相同的材料,也可继续用于本试验。

C.4 试验步骤

C.4.1 确定"alpha"参数:为了进行沥青材料的损伤分析,须确定材料损坏前的属性信息(由参数 α 表示)。使用 C.4.2 中的频率扫描程序。

C.4.2 频率扫描：频率扫描试验数据用于确定"alpha"参数。在选定的温度下进行频率扫描试验,并在一定的加载频率范围内施加恒定振幅的剪切荷载。选用 DSR 仪器自带的频率扫描试验程序,在 0.1 Hz～30 Hz 的频率范围内施加 0.1% 的应变荷载。每个周期选取 10 个特定的频率进行采样,或者使用 0.2 Hz, 0.4 Hz, 0.6 Hz, 0.8 Hz, 1.0 Hz, 2.0 Hz, 4.0 Hz, 6.0 Hz, 8.0 Hz, 10 Hz, 20 Hz, 30 Hz 12 个特定的频率；记录每个频率下的动态剪切模量 $[|G^*|, \text{Pa}]$ 和相位角 $[\delta, \text{degrees}]$。

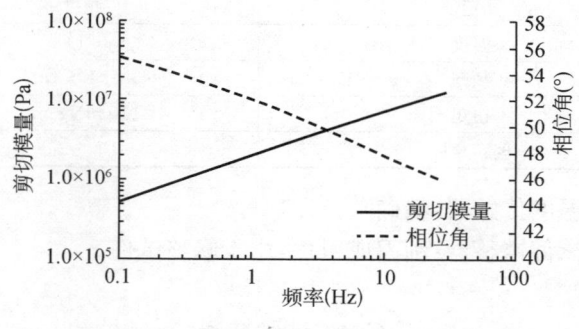

图 C.4.2 频率扫描示例图

C.4.3 振幅扫描：在所选温度下,应变以 10 Hz 的频率进行振荡剪切。加载方式由 10 s 的恒定应变振幅区间组成,每个区间后是相应增加的应变振幅区间,如：0.1%, 1.0%, 2.0%, 3.0%, 4.0%, 5.0%, 6.0%, 7.0%, 8.0%, 9.0%, 10%, 11%, 12%, 13%, 14%, 15%, 16%, 17%, 18%, 19%, 20%, 21%, 22%, 23%, 24%, 25%, 26%, 27%, 28%, 29% 和 30%。记录每 10 个重复荷载(1 s)的峰值剪切应变、峰值剪切应力和相位角平均值和动态剪切模量。

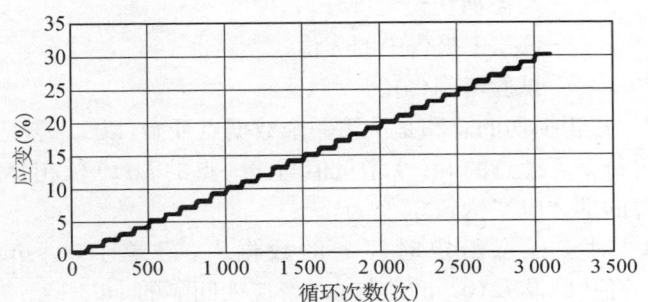

图 C.4.3 振幅扫描加载方式

C.5 计 算

C.5.1 从频率扫描测试数据中计算得到参数 α

1 将每个频率的动态模量 $[|G^*|(\omega)]$ 和相位角 $[\delta(\omega)]$ 的数据转换为存储模量 $G'(\omega)$：

$$G'(\omega) = |G^*|(\omega) \times \cos\delta(\omega)$$

2 分别以 $\lg\omega$ 为横坐标，$\lg G'(\omega)$ 为纵坐标，拟合一条最佳直线：$\lg G'(\omega) = m(\lg\omega) + b$。

3 通过以下转换，将获得的 m 值记录为 α 值的函数：

$$\alpha = 1 + 1/m$$

C.5.2 振幅扫描的试验结果数据分析

1 沥青的累计损伤计算公式如下：

$$\lg \omega D(t) \cong \sum_{i=1}^{N} \left[\pi I_D \gamma_0^2 (|G^*|\sin\delta_{i-1})\right]^{\frac{\alpha}{1+\alpha}} (t_i - t_{i-1})^{\frac{1}{1+\alpha}}$$

式中：I_D——1.0%应变区间的 $|G^*|$ 初始损坏值（MPa）；

γ_0——给定数据点的应变，无量纲；

$|G^*|$——动态剪切模量(MPa);

α——C.4.1报告中的α值;

t——试验时间(s)。

2 累积损伤的总和是从第一个数据点开始,以1.0%应变间隔。将每个后续点的$D(t)$增量值与浅一点的$D(t)$值相叠加,直到沥青的整体应变达到30%为止。

3 对于任意给定时间t的数据点,记录$|G^*|\sin\delta$和$D(t)$的值[假设$D(0)$的值与0.1%应变间隔的$|G^*|\sin\delta$的平均未损坏值相等]。$|G^*|\sin\delta$和$D(t)$之间的拟合关系遵循以下幂次关系:

$$|G^*|\sin\delta = C_0 - C_1(D)^{C_2}$$

式中:C_0——0.1%应变间隔开始的$|G^*|\sin\delta$的平均值;

C_1和C_2——曲线拟合系数,可通过下面的幂次线性化计算得出:

$$\lg(C_0 - |G^*|\sin\delta) = \lg(C_1) + C_2 \cdot \lg(D)$$

4 使用上述计算公式,C_1是截距,C_2是$\lg(C_0 - |G^*|\sin\delta)$与$\lg(D)$的线的斜率,对应损伤值小于100的数据可忽略。

C.5.3 $D(t)$失效时的值D_f可定义为未损坏$|G^*|\sin\delta$减少至35%时的值。计算公式如下:

$$D_f = (0.35)(C_0/C_2)^{\wedge}(1/C_2)$$

C.5.4 计算沥青疲劳性能模型的参数A_{35}和B,并记录如下:

$$A_{35} = \frac{f(D_f)^k}{k(\pi I_D C_1 C_2)^\alpha}$$

式中:f为加载频率(10 Hz);$k = 1 + (1 - C_2)\alpha$;$B = 2a$。

C.5.5 沥青的疲劳性能参数N_f由以下公式计算:

$$N_f = A(\gamma_{\max})^{-B}$$

式中:$\gamma_{\max}$——给定路面结构下的沥青最大期望应变,无量纲。

C.6 报 告

C.6.1 试验报告包含以下内容：
1 试件编号。
2 PG 等级和试验温度，精度为 0.1℃。
3 疲劳模型参数 A 和 B。
4 沥青的疲劳性能参数 N_f。

附录 D 黏层油黏结强度检测方法

D.1 目的与适用范围

D.1.1 用于测量黏层材料的黏结强度,其样品应在温度为 25℃±5℃、相对湿度在 55%±5%的条件下调节制备。使用拉拔测试仪将载荷施加到拉杆再传递到试件上,直至最大黏结强度,试验终止。

D.2 试验仪器

D.2.1 试验仪器采用液压拉拔仪,仪器拔头内径为 20 mm,硅胶圈内径为 21 mm,厚度为 1 mm。

D.3 方法与步骤

D.3.1 将 10 cm×10 cm×1 cm 尺寸的石板清洗干净,置于 25℃恒温箱中进行烘干。

D.3.2 取出干净石板,放置于平坦桌面上,在石板表面放置 3 个硅胶圈,并向硅胶圈中滴加乳化沥青或黏层油沥青。

D.3.3 将上述放有硅胶圈及乳化沥青或黏层油沥青的石板置于 80℃烘箱中进行加热养生,以模拟黏层沥青产生黏结强度,养生时间为 96 h。

D.3.4 将拉拔头置于 160℃烘箱中预加热 2 h 后与石板同时取出,并将拔头压进硅胶圈中,待多余黏层油沥青从拔头溢流孔中流出后,将其置于 20℃环境下静置冷却 1 h。

D.3.5 取下硅胶圈,在20℃环境下利用Positest AT-A液压拉拔仪进行拉拔试验,得到黏结强度。

D.4 报 告

D.4.1 同一种沥青试样,在相同试验条件下应至少进行3次平行试验。

D.4.2 报告应包括黏结强度值、计算平均值及标准差等指标内容。

本标准用词说明

1 为便于在执行本标准条文时区别对待,对于要求严格程度不同的用词说明如下:
 1)表示很严格,非这样做不可的用词:
   正面词采用"必须";
   反面词采用"严禁"。
 2)表示严格,在正常情况下均应这样做的用词:
   正面词采用"应";
   反面词采用"不应"或"不得"。
 3)表示允许稍有选择,在条件许可时首先应这样做的用词:
   正面词采用"宜";
   反面词采用"不宜"。
 4)表示有选择,在一定条件下可以这样做的用词,采用"可"。

2 条文中指明应按其他有关标准、规范执行的写法为"应符合……的规定"或"应按……执行"。

引用标准名录

1 《城镇道路养护技术规范》CJJ 36
2 《公路沥青路面养护技术规范》JTG 5142
3 《公路沥青路面预防养护技术规范》JTG/T 5142-01
4 《公路技术状况评定标准》JTG 5210
5 《公路路基路面现场测试规程》JTG E60
6 《公路沥青路面施工技术规范》JTG F40
7 《微表处和稀浆封层技术指南》JTG/T F40-02
8 《公路养护技术规范》JTG H10
9 《公路路面养护技术规范》DB31/T 489
10 《城市道路养护技术规程》DG/TJ 08—92
11 《公路技术状况评定标准》DG/TJ 08—2095

标准上一版编制单位及人员信息

DG/TJ 08—2167—2015

主 编 单 位：上海市路政局
参 编 单 位：同济大学
主要起草人：吴青峰　赵鸿铎　李　青　凌建明　邱　欣
　　　　　　林海榕　杨建华　陈　长　李志明　董茂强
　　　　　　钱劲松

上海市工程建设规范

沥青路面预防养护技术标准

DG/TJ 08—2176—2024
J 17682—2024

条文说明

2024　上海

目 次

1 总 则 …………………………………………………… 91
2 术语和符号 …………………………………………… 92
　2.1 术 语 …………………………………………… 92
3 基本规定 ……………………………………………… 93
　3.1 一般要求 ………………………………………… 93
　3.3 预防养护路况标准 ……………………………… 93
4 预防养护决策 ………………………………………… 95
　4.1 一般规定 ………………………………………… 95
　4.2 预防养护方案选定 ……………………………… 95
　4.3 预防养护时机 …………………………………… 96
5 预防养护技术分类 …………………………………… 98
　5.1 一般规定 ………………………………………… 98
　5.2 具体分类 ………………………………………… 98
6 预防养护工程设计 …………………………………… 103
　6.2 调查与检测评价 ………………………………… 103
7 灌缝和贴缝 …………………………………………… 104
　7.1 一般规定 ………………………………………… 104
　7.2 材 料 …………………………………………… 104
8 雾封层 ………………………………………………… 105
　8.1 一般规定 ………………………………………… 105
　8.5 施工质量控制 …………………………………… 106
9 碎石封层和纤维封层 ………………………………… 107
　9.1 一般规定 ………………………………………… 107

10 微表处和稀浆封层 ………………………………… 108
  10.1 一般规定 …………………………………… 108
  10.2 材　料 ……………………………………… 108
  10.3 混合料设计 ………………………………… 109
  10.5 施工工艺 …………………………………… 109
11 薄层罩面和超薄罩面 ……………………………… 110
  11.1 一般规定 …………………………………… 110
  11.6 施工质量控制 ……………………………… 110

Contents

1 General provisions ································· 91
2 Terms and symbols ································ 92
   2.1 Terms ·· 92
3 General regulations ································ 93
   3.1 General regulations ·························· 93
   3.3 Standard of road conditions for preventive maintenance ································· 93
4 Preventive maintenance measures ················· 95
   4.1 General regulations ·························· 95
   4.2 Selection procedure of preventive maintenance measures ································· 95
   4.3 Timing of preventive maintenance ············ 96
5 Classification of preventive maintenance ············ 98
   5.1 General regulations ·························· 98
   5.2 Specific classification ························· 98
6 Preventive maintenance engineering design ········· 103
   6.2 Investigation, testing and evaluation ·········· 103
7 Crack filling and crack banding ···················· 104
   7.1 General regulations ·························· 104
   7.2 Material ····································· 104
8 Fog seal ··· 105
   8.1 General regulations ·························· 105
   8.5 Construction quality control ················· 106
9 Stone seal and fiber stone seal ···················· 107
   9.1 General regulations ·························· 107

10	Micro-surfacing and slurry seal	108
	10.1 General regulations	108
	10.2 Material	108
	10.3 Mixture design	109
	10.5 Construction technology	109
11	Thin overlays and ultra-thin overlays	110
	11.1 General regulations	110
	11.6 Construction quality control	110

1 总　则

1.0.1 传统的路面养护方式是在路面出现损坏之后,路面状况指标不能满足养护技术标准时才对路面进行修复性的养护,这种养护方式不仅费用高、施工期长、对交通干扰大,而且不能有效缓解养护资金缺口大、用户要求高等难题。对路面积极采取预防养护是解决或缓解这一问题的有效途径。因此,必须规范和统一沥青路面的预防养护工作,以提高本市公路及城市道路沥青路面的养护技术水平,保持或提高路面使用性能、延长路面使用寿命、减少周期养护费用。

1.0.2 对于原路面为开级配抗滑磨耗层(OGFC,Open Graded Friction Course)的路面,在采用相应的预防养护技术时,应对原路面的性能状况进行认真调查分析,准确把控养护时机。

1.0.3 沥青路面的预防养护应周期性地实施,应根据定期检测的路况数据及交通量、气候情况进行分析,制订预防养护计划。预防养护计划分为年度预防养护计划和中长期预防养护计划。年度预防养护计划是指依据路面管理系统的路况评价结果与路况发展趋势预测结果对各具体路段进行预防养护路况适用性判断、预防养护技术选择和最佳预防养护时间的确定,然后按照年份安排路面预防养护的计划,年度预防养护计划需要每年制订一次。中长期预防养护计划是在制订年度预防养护计划的基础上不断总结各等级公路应用预防养护技术的时间间隔,然后为某一具体路段制订一个较长时期的预防养护计划。沥青路面预防养护的科学性依赖于采用科学检测手段和仪器定期采集路面状况性能数据,进行评价分析,提出科学的预防养护对策。沥青路面预防养护中采用的新技术、新材料、新工艺是指能够提高路面养护质量,减轻劳动强度,降低成本的各项预防养护技术。

2 术语和符号

2.1 术 语

2.1.1 《公路养护工程管理办法》规定,预防养护是指道路整体性能良好但有轻微病害,为延缓性能过快衰减、延长使用寿命而预先采取的主动防护工程。需要注意的是,使用了预防养护技术的工程并非一定是预防养护工程。与其他路面养护技术对比,路面预养护技术的基本特征是厚度薄,一般不超过 40 mm。

路面预养护是一种在路面还没有发生结构性损坏,但存在功能性缺陷的情况下,采取的一种主动修复技术措施。是一种"未雨绸缪"式的技术,适用于路面状况良好或仅有少量病害的路面,其本身对于路面结构性能的提高没有任何帮助,但其实施可修复路面功能性损坏,从而延缓路面的结构性损坏。路面预养护并非指一种单一的养护技术应用,而是指周期性、系统性的成套养护策略的应用。在最合适的时间,将最合适的措施,应用在合适的路段,是其核心理念。

另外,路面预养护主要着重于路面某一种类型的功能性损坏,是在修复其特定的路面损坏状况下,兼顾其余的路面损坏。因此,其针对性较强,一般来说,其仅适用于项目级系统,不适用于路网级系统。

3 基本规定

3.1 一般要求

3.1.4 路面状况达到一个什么样的状况才进入预养护阶段,即确定预防养护时机的判定标准(触发值)是预防养护技术得到正确应用的一个前提。本标准继续延用《沥青路面预防养护技术规程》DG/TJ 08—2176—2015 相关概念,对预防养护路况提出应符合相应宏观和微观标准。

3.3 预防养护路况标准

3.3.1 本条文所列路面预防养护路况宏观标准主要参照现行行业标准《公路技术状况评定标准》JTG 5210 的相应指标,在路面结构强度指数满足要求的前提下,采用 PCI 为路况是否需要进行预防养护的判断指标,RQI、RDI 和 SRI 为检验指标,对相应路段是否满足预防养护条件进行判定。表 3.3.1-1 及表 3.3.1-2 指标所列值仅为基准值,对于具体预防养护工艺,可参照现行行业标准《公路沥青路面预防养护技术规范》JTG/T 5142-01 的相关规定执行。

另外,研究表明,PCI 是一个受主观感受程度、评价路段长度、车道划分及病害程度的识别偏差等因素影响的指标参数,且不同养护技术可接受的 PCI 指标也不同。因此,在进行路况的预防养护适用性判断时,路段的划分一般应与路况评价时的路段划分方法相同。即根据评价的目的不同,采用任意分段组合的方法进行评价和分析,一般可以按 1 km 或根据不同的面层结构类型进行分段。

3.3.2 预防养护技术与路面状况之间具有很强的相互制约性，一种预防养护技术往往只能处理特定类型和特定程度的路面损坏，比如沥青还原剂主要是防止沥青老化，它非但不能提高抗滑能力，反而有可能会降低抗滑能力。对于损坏比较严重的路面也不能充分发挥预防养护技术的应有性能，比如对严重的车辙，一般预防养护技术都解决不了问题。因此，在宏观路况满足预防养护要求的前提下，还需要判断路面具体损坏类型和严重程度是否适合预防养护。

预防养护微观路况标准规定了适合预防养护的路面损坏类型和严重程度。另外，如果路面存在下列一种或多种状况，则是不适合预防养护工作：

1 路面有超过10%的中等程度或2%严重程度的龟裂、不规则裂缝以及块裂。

2 在实施预防养护技术之前，路面有宽度很大或很严重的横向裂缝和纵向裂缝，无法有效填封。

3 路面有严重的或大量的补丁，其中中等和严重程度的补丁面积占20%以上。

4 路面有较多严重程度的坑槽。

5 具有由于沥青混合料不稳定引起的车辙。

6 国际平整度指数IRI超过3.5 m/km～5.0 m/km（道路等级高时取低值，反之取高值）。

7 路面出现拥包推移等现象。

8 路基条件很差。

9 路面的排水条件不良或具有与湿度有关的损坏。

4 预防养护决策

4.1 一般规定

4.1.1 科学的养护决策是保证养护有效性和经济性的前提，也是养护工程设计的重要依据，非常关键。各种预防养护技术所能处理的路面损坏类型和严重程度、所能适应的交通量和道路等级是不同的，如果选择不当，可能会导致应用效果不佳甚至造成安全隐患。因此，在选择预防养护技术时必须充分考虑其适用条件。对于局部比较严重的路面损坏，施工前应加以处理，以保证预防养护技术的实施效果和使用寿命。养护决策一般是由公路养护管理部门或公路运营企业做出，或由其委托的咨询机构完成。

4.2 预防养护方案选定

4.2.1 对于相同的路面条件，单从技术方面分析，往往有多种预养护技术可供选择。不同的预养护技术具有不同的使用寿命和单位费用，为了保证预防养护的经济性，应选择使用寿命较长、单位费用较低的预防养护技术。

具体工程的预防养护技术选择除了与路面状况、道路等级、交通量、使用寿命、单位费用等基本要求有关以外，还与该工程所处的地理位置、对交通的影响程度、对环境的影响程度、道路管理和养护单位的质量要求等工程条件密切相关。因而，在选择预防养护技术时，除了技术和经济因素外，还应考虑相关的工程因素。特别是在上海这种特大城市，对环境或交通的影响有时是选择其相应养护技术不可忽视的因素。因此,本标准建议对于重载交通的道路,在确定预防养护决策时,除了考虑路面性能状况指数外,还需要结合路段等级以及实际损坏状态,并参考路段的历史养护维修状况进行综合考量后再确定。

4.3 预防养护时机

4.3.1 预防养护需求时机是以沥青路面技术状况和病害损害程度为基准,达到或接近预防养护应用条件所对应的时间,通常是一个时间跨度较长的区间。预防养护最佳时机是在路面养护周期内实施某种预防养护措施的最佳时间,通常是一个时间跨度较短的时段,在该时段内实施该预防养护措施可获得最大的效益费用比。

4.3.3 时间触发法与路况触发法尽管都可以用来确定预防养护时机,但是路况触发法确定预防养护时机更为科学、准确,是优先选择。由于路面品质、服役条件、技术状况衰变规律等方面的差异,即便是采用时间触发法,也要结合路面实际的技术状况进行预防养护时机选择,以免做出不当决策。

4.3.5 当相关数据充分时,可根据本标准附录 A 的方法确定最佳预防养护时机,具体的分析和计算过程如下:

  1 针对各级公路分别选择一条代表性公路,根据路面管理系统历年的 PCI 检测数据回归各代表性公路的常规养护 PCI 衰变方程的参数。

  2 根据 PCI 的常规养护衰变方程及其预防养护宏观路况标准计算各级代表性公路适用的路况标准。

  3 由于各级代表性公路 RQI 和 SFC 的检测数据规律性不明显,因而,预防养护效益分析指标只选择 PCI 一项。

  4 根据本市各预防养护技术的历史应用情况,并结合具体的路面条件,预测各预防养护时间对比方案的 PCI 衰变方程。

5 按照本标准附录 A.0.5 中的公式计算各级代表性公路的 PBI。

6 按照本标准附录 A.0.6 中的公式计算各级代表性公路的 EUAC。

7 按照本标准附录 A.0.7 中的公式计算各级代表性公路的 BCR。

8 根据 BCR 的计算结果,依据 BCR 值最大即可得到各级公路沥青路面的最佳预防养护时间。

5 预防养护技术分类

5.1 一般规定

5.1.2 近些年来,我国沥青路面预防养护不断创新,新技术不断涌现。例如在碎石封层基础上增加一层纤维和改性乳化沥青而成的纤维封层,由碎石封层或纤维封层加微表处、碎石封层加稀浆封层组合而成的复合封层。尽管新技术不一而足,但一般都是在本标准规定的技术基础上的材料改良、工艺改进或者不同技术的组合,为预防养护提供了更多技术选择。

5.2 具体分类

5.2.1 封层类技术可包括雾封层、碎石封层、纤维封层、稀浆封层、复合封层等,其种类技术的具体工艺原理、技术特点及适用路况可见表1。

表1 封层类预防养护技术工艺原理、技术特点及适用路况

名称	工艺原理	技术特点	适用路况
雾封层	采用专用机械设备将具有良好渗透性能的雾封层专用材料均匀地喷洒在原沥青路面上形成的封层。有乳剂型、油剂型、封水型、还原再生型、渗透固化型	能够提高沥青路面的密封性和防水性,防止骨料进一步松散剥落;含再生剂时能够一定程度上改善老化沥青性能,含渗透固化剂时能防止沥青剥落且封水密水效果持久	沥青面层透水,基层完好的轻度沥青面层裂缝,轻度的沥青表面层沥青老化

续表1

名称	工艺原理	技术特点	适用路况
含砂雾封层	采用专用高压喷洒设备在沥青面层上喷洒薄层高渗透性沥青浓缩封面料所形成的封水层	通过加入特殊表面活性剂形成超强的黏结能力和持久性。与普通雾封层相比,含砂雾封层能够显著提高沥青路面抗滑能力	沥青面层透水,基层完好的轻度沥青面层裂缝、沥青老化及抗滑能力下降
稀浆封层	采用机械设备将适当集料、填料与乳化沥青、外掺剂和水按一定比例拌和而成的稀浆混合料均匀地摊铺在路面上形成的封层	能够密封原有沥青路面表面层,延缓路面的松散、老化、氧化,提高路面的抗滑性能和行驶质量;能够密封路面细小的裂缝,改善路面外观	基层完好的轻度龟裂和块状裂缝,沥青面层裂缝,轻度的松散、泛油、抗滑性能下降
碎石封层	在路面上直接洒布热沥青或乳化沥青及集料,经胶轮压路机碾压而形成的沥青碎石磨耗层。按施工工艺分普通和同步碎石封层	能够密封路面细小的裂缝,恢复或改善路面的抗滑性能,延缓路面的松散、老化、氧化、硬化。一般不单独使用,大多结合其他技术使用	基层完好的轻度龟裂和块状裂缝、面层裂缝,轻度的松散或抗滑性能下降
橡胶沥青碎石封层	在原路面喷洒橡胶沥青和撒布碎石,经胶轮压路机碾压,使橡胶沥青和碎石之间有最充分的黏附,形成一层保护层	橡胶沥青黏度高,能够提高普通沥青的抗高温变形能力;橡胶粉中含有大量的抗氧剂、热稳定剂等,可显著提高路面的抗老化能力和抗裂能力	基层完好的轻度龟裂和块状裂缝,沥青面层裂缝,轻度的松散和车辙
纤维封层	采用纤维封层专用设备同时洒(撒)布沥青黏结料、纤维及碎石,经碾压后形成新的磨耗层或应力吸收层	纤维的网络缠绕结构有效提高了封层的抗拉、抗剪、抗压和抗冲击强度,可有效延缓路面裂缝的产生,抑制骨料的滑移、脱落。纤维的吸附和增韧作用,显著增强了封层的高温性能	基层完好的轻度龟裂和块状裂缝,沥青面层裂缝,轻度的松散、车辙和轻度的抗滑性能下降
复合封层	在碎石封层上增加一层微表处或稀浆封层而形成的复合表面磨耗层	以碎石封层为底层,加铺稀浆封层或微表处作为表层,结合了碎石封层和微表处两者优点,具有优良的抗滑性能和抗反射裂缝能力,也可以有效阻止路表水下渗	基层完好的轻度龟裂和块状裂缝,沥青面层裂缝,轻度的车辙、泛油、松散

另外,复合封层的工艺不断推陈出新。例如,近年来出现的高性能纤维磨耗层也属于复合封层的一种。其主要工艺是采用高性能纤维磨耗层专用车,一次性将层间黏结剂、高性能改性乳化沥青、纤维、集料、高性能改性乳化沥青和固化剂六层材料同步洒(撒)布,然后经碾压后形成新的磨耗层。

5.2.2 表处类技术可包括微表处、纤维微表处、低噪声微表处等,其相关技术工艺原理、技术特点及适用路况可见表2。

表2 表处类预防养护技术工艺原理、技术特点及适用路况

名称	工艺原理	技术特点	适用路况
微表处	采用适当级配的集料、填料与聚合物改性乳化沥青、外掺剂和水按一定比例拌和而成的稀浆混合料,将其均匀地摊铺在路面上而形成的封层	具有很好的封水效果,能够有效防止路表水下渗,保护路面结构,延长路面使用寿命;可以提高路面的构造深度和摩擦系数,改善抗滑能力不足的问题	基层完好的轻度龟裂和网状裂缝、沥青面层裂缝,轻度的车辙、松散、泛油,轻度的抗滑性能下降
纤维微表处	在普通微表处稀浆混合料中加入纤维	纤维加筋、稳定、吸附、增黏作用,能够减少或延缓反射裂缝的出现,提高微表处混合料的高温稳定性,减少水损坏	基层完好的轻度龟裂和网状裂缝、沥青面层裂缝,轻度的车辙、麻面、松散、泛油,轻度的抗滑性能下降
低噪声微表处	通过改变矿料级配、改善路面纹理结构,降低车辆经过时产生的振动和泵吸噪声,达到微表处降噪的目的	在传统微表处各种优良特点及路用性能的前提下,降低了噪声,扩大了微表处应用范围;通常可降低噪声20%以上	基层完好的轻度龟裂和网状裂缝、沥青面层裂缝,轻度的车辙、麻面、松散、泛油,轻度的抗滑性能下降

另外,针对上海地区气候和交通特点,宜优先采用低噪声、抗裂性能好微表处工艺。目前上海松江区、崇明区、青浦区等区管道路大量应用的高黏沥青冷铺罩面工艺,该工艺综合考虑了上海夏热冬冷、雨水多、交通量大、对噪声要求高等特点进行诸多针对性强的工艺改进,一定程度上改善了路面抗车辙和抗裂缝能力,

同时起到了抗滑、封水和降噪的功能,延长了路面使用寿命,提高了行驶舒适性,起到了良好的应用示范效果。

5.2.3 罩面类技术可包括薄层罩面、超薄罩面、超黏磨耗层罩面、封层罩面等,其相关技术工艺原理、技术特点及适用路况可见表3。

表3 罩面类预防养护技术工艺原理、技术特点及适用路况

名称	工艺原理	技术特点	适用路况
薄层罩面	使用摊铺机和压路机在原有沥青路面上加铺而成的热拌沥青混凝土薄层结构,厚度通常在25 mm~40 mm	AC具有很好的高温稳定性、抗滑性能和密水效果;OGFC具有排水、减少水膜厚度、防止雨水路面水雾;SMA具有较强的高温稳定性、低温抗裂性、耐久性和抗滑能力	基层完好的轻度龟裂和块状裂缝、沥青面层裂缝,轻度的车辙、松散、抗滑性能下降
超薄罩面	将间断级配的热拌沥青混合料直接铺筑在改性乳化沥青黏层上,可快速开放交通的薄层结构,厚度通常不超过25 mm	采用专用机械设备将专用改性乳化沥青黏结层喷洒与间断级配热拌改性沥青混合料摊铺同步实施(若采用异步实施,应采用不黏轮改性黏层油),经压路机压实后一次成形	基层完好的轻度龟裂和块状裂缝、沥青面层裂缝,轻度的车辙、松散、抗滑性能下降
超黏磨耗层	采用超黏磨耗层核心设备,同时喷洒乳化沥青黏结料、摊铺拌和玻璃纤维的超黏磨耗冷拌混合料,经碾压后形成新的磨耗层或者应力吸收中间层	结合了超薄磨耗层和微表处两种技术的优点,通过加入玻璃纤维的冷拌和工艺和改良的黏结层工艺,提高了新铺磨耗层与旧有路面的黏结性和路面的各项性能,具有较好的应力吸收和应力分散能力、高耐磨性、高防水性、高黏附性、高稳定性、超强的抗裂性	基层完好的轻度龟裂和块状裂缝、沥青面层裂缝,轻度的车辙、麻面、松散、抗滑性能下降
封层罩面	使用专用铣刨设备将路面状况较差的沥青面层铣刨后,再摊铺新的再生热拌沥青合料,碾压成形	铣刨罩面处理的病害种类多且比较彻底,新铺的路面功能与新路面接近,有更好的耐久性、抗车辙和抗裂能力,并能显著提高原路面的平整度	基层完好的块状裂缝和龟裂、沥青面层裂缝,车辙、泛油、波浪拥包、抗滑性能下降

5.2.4 再生类技术主要包括厂拌热再生和就地热再生等,其中就地热再生相关技术工艺原理、技术特点及适用路况可见表4。

表4 再生类预防养护技术工艺原理、技术特点及适用路况

名称	工艺原理	技术特点	适用路况
就地热再生	采用专用的就地热再生设备,对沥青路面进行加热、翻松,就地掺入一定数量的新沥青、新骨料、新沥青混合料或再生剂等,经拌和、摊铺、碾压等工序,一次性实现对表面 20 mm~50 mm 范围内旧沥青路面的再生成形。按工艺类型分为复拌再生和加铺再生	处理病害比较彻底,适合多种病害,能够大幅度提升路面服务功能,并显著提高路面的平整度	基层完好的块状裂缝和龟裂、沥青面层裂缝,车辙、松散、泛油、波浪拥包、抗滑性能下降等

6 预防养护工程设计

6.2 调查与检测评价

6.2.1 针对不同病害的路段，宜进行有针对性的专项数据调查。如针对主要病害为裂缝的路段，应对其裂缝发展层位、发展形态、影响面积等进行专项调查，分析裂缝产生原因，确定出现的裂缝病害是否适用灌缝、贴缝等技术；针对主要病害为车辙的路段，应进行调查，分析车辙产生的原因，确定出现的车辙病害是否适用预防养护技术；针对主要病害为唧浆、坑槽等水损坏的路段，应对面层材料品质和空隙率、基层开裂情况、路基路面排水系统等进行专项调查，判断路面渗水情况。病害较为集中的路段，必要时要钻取芯样或开挖探坑，以判断病害所处的层次以及损坏程度；针对磨光、泛油等抗滑性能不良的路段，应对其油石比、路表面纹理特征及表面层集料性能进行专项调查，判断引起路面抗滑性能不良的原因。病害较为集中的路段，必要时要钻取芯样或开挖探坑，以判断病害所处的层次以及损坏程度。

7 灌缝和贴缝

7.1 一般规定

7.1.5 灌缝和贴缝均为沥青路面裂缝处治的方式。但对于部分沥青路面预防养护技术，在实施对其病害的预处理时，不宜采用贴缝工艺方式进行原有沥青路面裂缝的处治。

7.2 材 料

7.2.2 一般来说，对于碎石封层、纤维封层、微表处、薄层罩面加铺前原路面的裂缝处治采用的加热型密封胶，其性能除应符合表7.2.2的规定外，尚宜满足60℃动力黏度不小于400 000 Pa·s，180℃运动黏度不大于3 Pa·s的要求。

8 雾封层

8.1 一般规定

8.1.1 雾封层材料种类繁多,应用较多的有乳化沥青类、还原剂类及渗透固化类。

乳化沥青类可细分为普通乳化沥青类和高聚物型乳化沥青类。普通乳化沥青类材料主要由乳化沥青、改性剂、添加剂以及细集料等组成,可根据情况事先将乳化沥青、改性剂及添加剂混合到一起,形成乳化沥青混合物,具有密水、封水及一定程度上改观原沥青路面泛白、沥青老化等功能。高聚物型乳化沥青类则主要由高性能聚合物环保乳液为主(掺量不低于50%),并添加特种复合改性胶结料、纳米稳定剂、增强剂和细级配骨料等材料,除具有普通乳化沥青类封层的一般功能外,还具有固化松散石料、提升路面抗滑性能等特点。

还原剂类材料主要由饱和芳香烃类物质组成,能改善老化沥青性能。渗透固化类材料主要由乳化沥青和各类胶乳组合物(一般含树脂黏结剂、橡胶、乳化剂、滑石粉等成分)组成,能有效改善原路面外观并具有良好的耐久性。

8.1.5 还原剂类封层中的还原剂材料性能应满足抗老化、防渗水、耐油污、耐磨和工作便易性要求。当采用专用机械或小范围人工施工时,为保证行车安全,应待路面干涸后方可开放交通。另外,还原剂类封层在施工中应注意以下事项:

1 原路面缺陷应预处理、清洁并保持干燥;对道路沿线护栏、路缘石、井盖、车道线等设施进行必要遮盖。

2 还原剂剂量应视路面老化程度而定,一般在 $0.17 \text{ kg/m}^2 \sim$

0.25 kg/m². 对于有特殊防滑要求路段,可掺 0.2 kg/m² ~0.4 kg/m² 特制细砂。

3 待路面干燥后开放交通,初期车速应限制在 40 km/h 以内。

8.1.6 渗透固化封层中的固化剂应具有较好的耐久性、亲水性、高渗透性、抗老化、防渗水和高黏附性能,其具体用量应综合考虑路面构造深度、破损状况、使用年限及老化程度等因素,并主要以构造深度确定。

8.5 施工质量控制

8.5.2 近年来,由于雾封层材料种类不断更新,其质量良莠不齐,部分种类的雾封层耐久性极差,在施工完成后不到半年其表面覆盖保持率就几乎下降至零(即肉眼几乎观察不到与未实施预防处治的路面表观色差区别)。因此,为保证其耐久性,特增加了其表面覆盖保持率指标。该指标可以在施工完成 6 个月后进行现场观测(宜进行必要的量测)或现场照片图像对比分析进行评定。

另外,当采用还原剂类雾封层时,还宜补充沥青三项常规性能指标处理前后对比试验;当采用渗透固化类雾封层时,宜补充沥青膜厚度处理前后对比试验。

9 碎石封层和纤维封层

9.1 一般规定

9.1.1 碎石封层胶结料为乳化沥青时,路表可以潮湿但不能有积水。

10 微表处和稀浆封层

10.1 一般规定

10.1.1 与现行行业标准《公路沥青路面养护技术规范》JTG 5142、《微表处和稀浆封层技术指南》等相比[交通部公路司于2005年发布了《关于公布〈微表处和稀浆封层技术指南〉与〈公路冲击碾压应用技术指南〉的函》(交公便字〔2005〕329号),为相关工程技术人员提供技术参考],本条区分了A级和B级微表处,还增加了MS-4型级配。由于上海市地区夏季气温炎热,冬季气温也较低,为避免发生大面积的车辙、推移或龟裂病害,在上海地区宜采用A级微表处,采用B级微表处时应进行配伍性试验验证。

10.2 材 料

10.2.1 工程实践中,微表处用改性乳化沥青普遍采用SBR胶乳作为改性剂,表10.2.1中指标也是针对SBR改性乳化沥青提出的。B级微表处用改性乳化沥青的技术要求与现行行业标准《公路沥青路面养护技术规范》JTG 5142保持一致。A级微表处用改性乳化沥青的技术要求在此基础上对软化点、黏韧性、5℃延度等指标提出了更高的要求。

10.2.2 稀浆封层用乳化沥青BC-1、BA-1的技术要求与现行行业标准《公路沥青路面养护技术规范》JTG 5142保持一致。考虑到工程实际中经常遇到使用改性乳化沥青的稀浆封层,本条对此作出了规定。

10.3 混合料设计

10.3.1 MS-2、MS-3 的矿料级配范围在现行行业标准《公路沥青路面养护技术规范》JTG 5142 基础上增加 7.2 mm 通过率的要求,并规定条件不具备时可不对 7.2 mm 筛孔通过率进行控制,除此之外均与现行行业标准《公路沥青路面养护技术规范》JTG 5142 保持一致。一般情况下,交通量越大,越适宜粗的级配。本标准根据国内外工程经验,提出了更粗的 MS-4 型级配范围,多用于车辙填充。

10.5 施工工艺

10.5.7 上海市交通流量大,封闭交通造成的社会影响较大。由于稀浆封层与微表处施工工艺相近,近年来曾出现以稀浆封层顶替微表处的工程案例。因此,当方案明确是采用微表处预防养护技术时,可规定其施工完毕后开放交通时间最多不得超过 2 h。

11 薄层罩面和超薄罩面

11.1 一般规定

11.1.1 工程实践中薄层罩面中多采用 SMA、AC 型混合料,为实现排水降噪效果则多使用 OGFC 型混合料。现行行业标准《公路沥青路面养护技术规范》JTG 5142 中薄层罩面还给出了 BPA 型混合料,为空隙率 10%～15% 的骨架-空隙型级配,目前在工程实际中应用相对较少。

11.6 施工质量控制

11.6.5 本标准推荐的空隙型超薄罩面 UTO-5、UTO-10、UTO-13 级配范围是在国外同步超薄罩面级配基础上,结合北京、辽宁和广东等地工程经验制定的。密实型超薄罩面 UTOD-5 级配范围是在总结上海、辽宁、浙江、广东等多个工程案例的基础上制定的。SMA-5 和 AC-5 级配引用了现行行业标准《公路沥青路面养护技术规范》JTG 5142 中推荐的级配范围。